GÜTERSLOHER
VERLAGSHAUS

G

# KONSTANTIN WECKER

# Dann denkt mit dem Herzen

## EIN AUFSCHREI
### IN DER DEBATTE UM FLÜCHTLINGE

Gütersloher Verlagshaus

Bibliografische Information der Deutschen Nationalbibliothek

Die Deutsche Nationalbibliothek verzeichnet diese
Publikation in der Deutschen Nationalbibliografie;
detaillierte bibliografische Daten sind im Internet
über https://portal.dnb.de abrufbar.

FSC
www.fsc.org
MIX
Papier aus ver-
antwortungsvollen
Quellen
FSC® C014496 | Verlagsgruppe Random House FSC® N001967

2. Auflage, 2016
Copyright © 2016 Gütersloher Verlagshaus, Gütersloh,
in der Verlagsgruppe Random House GmbH,
Neumarkter Str. 28, 81673 München

Druck und Bindung: GGP Media GmbH, Pößneck
Printed in Germany
ISBN 978-3-579-08653-8

www.gtvh.de

# Inhalt

Vorwort........................................................9

Ich habe einen Traum..............................25

Der Liebe zuliebe ....................................28

Es gibt auch ein anderes Dresden .........31

Hass kann man verwandeln ...................34

Ich schweige .............................................37

Die EU tötet durch Unterlassung..........41

Was für ein wunderschönes
Bild das doch wäre....................................44

Sagt nein!...................................................47

Warum ich einen Nazi umarmte ..........52

Aus Liebe zum Lebendigen ...................56

Helfen statt Hassen.............................61

Lasst uns die Türen weiter
aufreißen.........................................64

Träumen wir weiter.............................68

Heißen wir die Flüchtlinge
weiterhin willkommen!.........................72

Ja, wir brauchen eine Revolution..........75

Das Widerstehen wieder lernen!............79

Herz und Tatkraft...............................85

Lasst uns unsere eigenen
Melodien singen................................89

Die Unmenschlichkeit dieser
Anschläge darf uns nicht unserer
Menschlichkeit berauben.......................94

Reaktionen auf die Pariser
Anschläge: Es klirrt gewaltig................98

Wir müssen uns vorsehen
und zusammenstehen........................... 102

Besiegen wir den Hass mit
Zärtlichkeit und Vernunft.................... 105

Sexuelle Gewalt ist fester
Bestandteil des Patriarchats ................ 109

Ja, ich bin ein »Gutmensch« .............. 114

Denkt mit dem Herzen......................... 119

Tamino Wecker:
Das Elend auf Lesbos und
die Schande Europas .................................. 123

Nachwort von Roland Rottenfußer......... 131

Literatur......................................................... 144

# Vorwort

Warum bin ich mehr als ein halbes Jahrhundert lang lieber in Gedichte und Musik eingetaucht als in realpolitische Ideen oder Ideologien? Ich habe mir darüber nie Rechenschaft abgelegt. Erst jetzt, im Alter, beschäftigt mich rückblickend diese Frage. Vielleicht hat es ja mit einem Satz Fjodor Michailowitsch Dostojewskis zu tun, den ich erst jetzt zu verstehen beginne: »Mensch unter Menschen zu sein und es auch immer zu bleiben, das ist der Sinn des Lebens, das ist seine Aufgabe.«

Mensch unter Menschen sein – kein besserer Mensch unter schlechteren, kein reicherer unter ärmeren, kein schönerer unter weniger schönen, nein: Mensch unter Menschen. Ist das nicht der wirksamste Protest gegen den in unserem Wirtschaftssystem forcierten Leistungsdruck, den Selbstoptimierungswahn, der über Medien und Ratgeberbücher nach und nach unsere Gehirne kolonialisiert? Nichts Besonderes sein zu wollen, damit allein könnte man sich wohl heute von der Masse der Überindividualisierten absondern. Und ist nicht gerade das das fatale »Alleinstellungsmerkmal« rechtsgerichteter Ideologien, dass sie immer und überall Unterschiede zu konstruieren versuchen: zwischen »Leistungsträgern« und »Minderleistern«, zwischen dunkel- und hellhäutigen Menschen, zwischen dem »Eigenen« und dem »Fremden«? Und die überlegene Gruppe ist – man ahnt es – dabei immer die eigene, wie zunehmend lauttönend in Kneipen, im Wohnzimmer, auf Straßen und Plätzen beschworen wird.

Wie gut tun da Menschen, denen – wie ich in einem älteren Text geschrieben hatte – »das Leben ganz leise viel echter gelingt«. War es das, was mich hinzog zu den Poetinnen und Poeten, diese unbedingte Bescheidenheit in einer ausschließlich dem Wettbewerb, dem Schöner, Besser, Klüger und vor allem Reicher verfallenen Gesellschaft? Einer Gesellschaft, die sich ausschließlich dem Haben und nicht dem Sein verschrieben hat – um dieses treffende Gegensatzpaar zu zitieren, das Erich Fromm geprägt hat. Dabei weiß ich als Künstler am besten, dass uns nichts mit Gewissheit und für immer gehört. Nicht einmal die eigenen Lieder, die ich niemals *habe*, die eher durch mich hindurch als aus mir herausgeflossen sind. Der kommerzialisierte Zeitgeist will alles in eine Handelsware verwandeln, auch Kunst und Inspiration, wo es doch vielmehr darauf ankäme, dass jeder – ob prominent und ganz unbekannt – lernt, sein eigener Gesang zu *sein*.

Meine großartigen, leider verstorbenen Freunde, Dieter Hildebrandt, Petra Kelly, Arno Gruen, Hans Peter Dürr – um nur einige zu nennen –, einte eine wunderbare Eigenschaft: ihre Bescheidenheit. Ihre Fähigkeit, Menschen nicht nach deren Rang und Namen zu bewerten und allen immer auf Augenhöhe zu begegnen. Nicht unterwürfig, aber eben auch nie überheblich. Wirkliche Größe hat es nicht nötig, sich durch das Kleinmachen anderer zu beweisen. Die Wunden, die wir einander und der Welt zufügen, haben indes fast immer mit Unbescheidenheit und Ich-Zentriertheit zu tun. Etwa die zerstörerische Auffassung, dass der Mensch »Krone der Schöpfung« sei, dass er Mitmenschen, Tiere und Umwelt als beliebig manipulierbare und ausbeutbare Objekte behandeln könne. Und – eng damit verbunden – die Meinung, einige seien »gleicher« als andere und dürften diesen ihre Rechte aberkennen.

So sind – auch auf dem Boden des »christlichen Abendlands« – Räume reduzierter Menschenwürde entstanden, an die sich eine Mehrheit der noch Satten auf beunruhigende Weise gewöhnt hat: Gefängnisse, Kasernenhöfe, die trostlosen Wartezonen der Hartz IV-Behörden, die bedrückenden Aufbewahrungslager für Geflüchtete und die Strände von Lesbos oder Lampedusa, wo wöchentlich Schiffe voller verzweifelter, besitzloser Menschen landen. So fern uns diese Schicksale vorkommen mögen, wir können sie nicht fernhalten von unserer Seele – spätestens jetzt, da »die Probleme« vor unserer Haustür stehen: in Form von konkreten Menschen, Frauen, Männern und Kindern. Schon Hugo von Hofmannsthal schrieb in seinem wunderbaren Gedicht: »Doch ein Schatten fällt von jenem Leben in die andren Leben hinüber, / Und die leichten sind an die schweren wie an Luft und Erde gebunden.«

Freilich, wir scheinen in unserer westlichen Gesellschaft noch eingebettet in eine gewisse Art von Wohlstand und vermeintlicher Freiheit. Dennoch hat sich auch um unsere Kehlen eine Garotte, ein Würgeeisen geschnürt, dem wir nicht entkommen werden, wenn wir nicht auf der Stelle umdenken, uns widersetzen, aufschreien, handeln. Was es dafür bräuchte, ist zunächst guter Wille. Das klingt einfach, ist aber keinesfalls selbstverständlich. Leonardo Boff, der brasilianische Befreiungstheologe, schreibt dazu – einen Satz Kants interpretierend: »Der gute Wille ist das einzig Gute, das in sich selbst gut und das unbeschränkt ist. (...) Guter Wille setzt eine Öffnung für den anderen und bedingungsloses Vertrauen voraus. Dies ist für Menschen machbar. Wenn wir mit dem guten Willen nicht ernst machen, werden wir keinen Weg aus der verzweifelten Sozialkrise finden, die ganze Gesellschaften an den Rändern der Erde zerreißt und die für die Millionen von Flüchtlingen verantwortlich ist, die sich auf den Weg nach Europa begeben haben.«

Guter Wille ist nicht alles, aber wo kommen wir hin, wenn wir nicht einmal den haben? Bei den politischen und ökonomischen Eliten, ja auch bei vielen politisch dahindämmernden »Normalbürgern« fehlt er schmerzlich. Ich habe nie allein dem Erfolg getraut, der zu einem Götzen unserer Zeit geworden ist – nicht einmal dann, wenn es um den Erfolg in einem gerechten Kampf geht. Man muss das Richtige um seiner selbst willen tun, weil man nicht anders kann, mag sich die Welt auch vom eigenen ehrlichen Gesang unbeeindruckt zeigen. Siegen können wir unter den herrschenden Machtverhältnissen nicht immer, aber wir können tun, was getan werden muss. Wir können Haltung zeigen. Der beste Wegweiser ist dabei noch immer das Herz.

Es sind kalte Zeiten, in denen das Mitgefühl obsolet wird. Sogar das Gute, das Gut-sein-Wollen selbst wird Gegenstand von Hohn und Anfeindungen. So brüchig Moralvorstellungen auch sein mögen, Güte kann noch immer ein Orientierungsmaßstab sein, der trägt, wo neue Herausforderungen an uns herangetragen werden. Daher stört die Güte diejenigen, die von ihrem Fehlen profitieren, und der Vorwurf, ein »Gutmensch« zu sein, wird gegen engagierte Menschen wie ein Giftpfeil abgeschossen. Immer wieder musste ich als

Reaktion auf meine öffentlichen Äußerungen zur Flüchtlingsfrage hören: Wer zu viel Mitgefühl hat, hat keinen Verstand. Aber war es denn zu viel Mitgefühl, was uns in diese desaströse Situation gebracht hat? Oder nicht vielmehr der himmelschreiende Mangel daran?

»Wir glauben, unser Denken sei realistisch, wenn es von Mitgefühl befreit ist, von der Fähigkeit, Schmerz zu teilen, Leid zu verstehen, und vom Gefühl der Verbundenheit mit allen Lebewesen.« So schrieb mein leider unlängst verstorbener Freund, der große Psychoanalytiker Arno Gruen. »Denken wir aber ohne Mitgefühl, dann leben wir in einer Scheinwelt aus Abstraktionen, die Kampf und Konkurrenz zu den Triebkräften unserer Existenz machen. In dieser Welt der Abstraktionen dominiert die Gewalt. Ein Bewusstsein, das auf Abstraktionen basiert und das Empathische verdrängt, entfernt den Menschen von der Realität. Es führt zu den uns zerstörenden gewalttätigen

Kriegen, welche die Geschichte der Zivilisationen charakterisieren.«

Dieses Büchlein versammelt Texte, die ich überwiegend 2015 geschrieben und auf Facebook, meiner Webseite und in meinem Netzmagazin »www.hinter-den-schlagzeilen.de« gepostet habe. Roland Rottenfußer, mein langjähriger bewährter Mitarbeiter und Chefredakteur des Magazins, hat zu meinen Beiträgen treffende Einleitungen geschrieben, die wir den einzelnen Kapiteln dieses Buches in kursiver Schrift voranstellen. Für Menschen, die diese Texte erst 2016 oder später lesen, erwiesen sich zudem »historische« Erklärungen als notwendig, um jeweils den tagesaktuellen Anlass meiner Stellungnahmen zu beleuchten. Roland Rottenfußer hat alle Vorspänne und Texte in diesem Sinn noch einmal neu bearbeitet und übernahm in Absprache mit mir auch die Vorauswahl.

Das vorliegende Buch ist eine Streitschrift, aber kein politisches Pamphlet. Es ruft zur Herzlichkeit auf, einer Herzlichkeit, die nicht erst eine Ideologie oder die so genannte realpolitische Vernunft befragen muss, bevor sie zur Tat wird. So wichtig eine realistische Lebenseinstellung sein mag, sie darf nicht zum Käfig werden, in den wir unsere unmittelbaren Impulse, Menschen zu verstehen, zu schützen und zu helfen, einsperren lassen. Liebevolles Sprechen und Handeln muss sich ungestört von der Vorzensur vernünftelnder Machbarkeitserwägungen entfalten können.

Was wäre denn das Gegenteil jener »Abstraktion«, von der Arno Gruen spricht? Nehmen wir an, jemand bricht direkt vor Ihnen auf der Straße zusammen – fragen Sie dann erst, ob dieser Mensch Ausländer ist oder Deutscher, Linker oder Rechter, Armer oder Reicher? Sie helfen. Oder Sie sind ein durch Ideologien verblendeter, in abstrakten Denkgebäuden gefangener Mensch. Vielleicht ist dies ja die einfachste Definition von Rassismus: kein Gefühl zu empfinden für Menschen, die einem irgendein völlig vom Menschsein losgelöstes Gedankenkonstrukt als minderwertig vorgaukelt.

Täglich vernehmen wir die Stimmen der »Vernünftigen«: die Obergrenze sei erreicht, die Zuwanderung müsse gestoppt werden, die Willkommenskultur sei höchst umstritten und Mitgefühl sei Schwäche. Millionen Menschen wird ein lebenswertes Leben vorenthalten von einer kleinen Minderheit von Superreichen – und die Stimme der »Vernünftigen« erklärt das zum Naturgesetz. Wenn das Vernunft sein soll, wird es zunehmend wichtig, die Stimme der »Unvernunft« zu Wort kommen zu lassen, die Stimme des Herzens, damit diese nicht für immer verloren geht.

Daniela Dahn, diese großartige und mutige Journalistin, schrieb im »Freitag«: »Hier zeigt sich die strukturelle Gnadenlosigkeit des Kapitalismus. Sein Eigentum ist oft gesetzlich legitimierter Diebstahl. Die westliche Leitkultur ist eine Leidkultur für die Schwachen. Die Ursachen des Flüchtlingsexodus zu bekämpfen ist deshalb so aussichtslos, weil sie im System stecken. Auf dem Weltsozialforum in Nairobi hat Bischof Tutu eine neue Weltordnung gefordert. Unter dem wird es nicht zu machen sein.«

Ja, liebe Daniela, so sehe ich das auch.

»Wer Visionen hat, solle zum Arzt gehen«, meinte seinerzeit Kanzler Schmidt. Umgekehrt wird der Satz sinnvoll: Wer keine Visionen hat, sollte dringend einen Arzt aufsuchen.

Kurz vor Weihnachten bat ich darum, über Facebook eine wunderschöne Meldung zu verbreiten:

Bei einem Angriff der islamistischen al-Shabaab-Miliz auf einen Bus im Nordosten Kenias haben die Angreifer die Passagiere des Busses aufgefordert, sich nach Christen und Muslimen aufzuteilen, um die Christen anschließend zu töten. Die Muslime aber weigerten sich, die Christen auszuliefern, sagte der kenianische Innenminister Joseph Nkaissery. (Quelle: Süddeutsche Zeitung) CNN zufolge waren etwa 100 Menschen in dem Bus. Ein Zeuge berichtet, dass die Muslime den Christen geholfen hätten, sich auf dem Dach und im Bus zu verstecken. Christlichen Frauen seien Hijabs, also muslimische Verschleierungen, gegeben worden, damit die Terroristen sie für Musliminnen halten. Die Passagiere des Busses waren mehrheitlich Frauen. Sie sollen die Terroristen aufgefordert haben, sie entweder alle zu töten oder zu verschwinden. Die Terroristen zogen sich daraufhin zurück. »Diese Muslime haben eine sehr wichtige Botschaft der Einheit ausgesandt, indem sie sagten, wir sind alle Kenianer und wir können nicht geteilt werden vom Menschen«, sagte Nkaissery.

So ist es, und meine aufrichtige Bewunderung gilt diesen 100 Menschen. Von ihnen dürfen wir lernen. Schützen wir bitte ebenso mutig die Muslime in unserem Land vor den Baseballschläger schwingenden Feiglingen, vor den brandstiftenden Rassisten, vor all jenen, die unsere »christliche Kultur« bewahren wollen und dabei so wenig Ahnung haben von Kultur wie ein Rassist vom Menschsein.

Über dreieinhalb Millionen Menschen erreichte ich mit dieser Geschichte und über dreißigtausend likten diesen Beitrag. Aber in vielen Kommentaren wurde ich beschimpft, weil ich diese »rührselige Story«, diesen »Kitsch« weiterverbreiten würde, da ja sowieso alles nur ein Produkt der Lügenpresse sei. Es schmerzt, lesen zu müssen, wie einige Menschen sich so in ihr nationalistisches Schneckenhaus verkrochen haben, dass nichts mitfühlend Menschliches sie mehr erreichen kann. Ihre Angst und ihr Misstrauen haben ihnen die Sicht auf die Welt geschwärzt, als hätten sie Tag und Nacht eine dunkle Brille aufgesetzt.

Solche Menschen werden durch meine Texte kaum zu erreichen kann. Aber vielleicht kann dieses Büchlein helfen, jene zu stärken, die den Impuls zum menschlichen Handeln in sich spüren und die sich manchmal hilflos-traurig fühlen, angesichts der Erosion scheinbar selbstverständlicher Werte überall in ihrem Umfeld. Wenn dann feige Nazibanden Unterkünfte brandschatzen, wird es immer genügend von uns geben, um uns ihnen entschlossen entgegenzustellen: »Nicht in unserem Namen! Eure Zeit ist vorbei und eure Ideologie gehört auf die Müllhalde der Geschichte.«

Das Wunder des vergangenen Jahres war und bleibt für mich die Willkommenskultur: Millionen Menschen öffneten ihr Herz und halfen den Notleidenden, den Geflüchteten. Zwar habe ich trotzig manchmal beschworen, ich würde auch weiterkämpfen, wenn ich mit meiner Meinung ganz allein stünde. Aber es ist doch weitaus schöner, sich getragen zu fühlen von vielen ähnlich Gesinnten. Und die finden sich nicht nur im linken Spektrum. Unter den Helferinnen und Helfern sind Bürgerliche wie Arbeiter, Christen wie Atheisten, Prekäre wie Situierte, Hausmänner wie Straßenkehrerinnen … Ich bin nicht allein, das ist mein Trost. Danke, dieses Buch ist auch für Euch alle. Mag Pegida noch so zetern und hetzen – wir lassen uns von Rassisten nicht die Welt verdunkeln.

# Ich habe einen Traum

Sommer 2014

*Die Keimzelle von Konstantin Weckers intensiver Auseinandersetzung mit der Flüchtlingsfrage war dieser Liedtext, entstanden im Sommer 2014. Er wurde später für seine im Juni 2015 erschienene CD »Ohne Warum« vertont und seitdem unzählige Male erfolgreich auf die Bühne gebracht. Wie so oft, eilte die poetische Intuition der sachlichen Reflexion im Essay voraus.*

Ich hab einen Traum,
wir öffnen die Grenzen
und lassen alle herein,
alle, die fliehen vor Hunger und Mord,
und wir lassen keinen allein.

Wir nehmen sie auf in unserem Haus
und sie essen von unserem Brot,
und wir singen und sie erzählen von sich
und wir teilen gemeinsam die Not

und den Wein und das wenige,
was wir haben,
denn die Armen teilen gern,
und die Reichen sehen traurig zu –
denn zu geben ist ihnen meist fern.


Ja, wir teilen, und geben vom Überfluss,
es geht uns doch viel zu gut.
Und was wir bekommen,
ist tausendmal mehr:
Und es macht uns unendlich Mut.


Ihre Kinder werden unsere sein,
keine Hautfarbe und kein Zaun,
keine menschenverachtende Ideologie
trennt uns von diesem Traum.


Vielleicht wird es eng.
Wir rücken zusammen,
versenken die Waffen im Meer,
wir reden und singen und tanzen
und lachen,
und das Herz ist uns nicht mehr schwer.

Denn wir haben es doch immer geahnt
und wollten es nur nicht wissen:
Was wir im Überfluss haben, das müssen
andere schmerzlich vermissen.


Ja, wir teilen, und geben vom Überfluss,
es geht uns doch viel zu gut.
Und was wir bekommen,
ist tausendmal mehr:
Und es macht uns unendlich Mut.


Und die Mörderbanden aller Armeen,
gottgesandt oder Nationalisten,
erwärmen sich an unsren Ideen
und ahnen, was sie vermissten.


Ja, ich weiß, es ist eine kühne Idee,
und viele werden jetzt hetzen:
ist ja ganz nett, doch viel zu naiv,
und letztlich nicht umzusetzen.


Doch ich bleibe dabei,
denn wird ein Traum,

geträumt von unzähligen Wesen,
dann wird an seiner zärtlichen Kraft
das Weltbild neu genesen.

Ja, ich hab einen Traum von einer Welt,
und ich träume ihn nicht mehr still:
Es ist eine grenzenlose Welt,
in der ich leben will.

## Der Liebe zuliebe

25. Juli 2014

*In seinem Prosagedicht widmet sich Konstantin Wecker dem Geistesgift des Hasses. Dieses zeigt sich in Kriegen, in Feindbildern und der Unfähigkeit zu vergeben. Und es vergiftet – vor allem uns selbst. Im Hinblick auf die Flüchtlingsfrage war das Gedicht geradezu prophetisch.*

Buddhisten ist Hass ein Geistesgift,
tibetisch *dug gsum*,
eine Geistesverschmutzung,
eine der drei Wurzeln des Unheilsamen.
Und in einer Geschichte der Sufis
heißt es:
Hass ist,
wie wenn man Gift zu sich nähme,
in der Hoffnung,
damit seinen Feind zu töten.
Und wer hasst, kann sich des größten
Geschenkes der Liebe nicht erfreuen:
der Vergebung.
Wenn wir unseren Feinden vergeben,
lernen wir auch uns selbst zu vergeben.
Und nur dann wird es uns möglich sein,
aus unserem hasserfüllten Kosmos
auszubrechen,
mit zu fühlen mit dem Leid des Gegners
und somit auch selbst den Weg
des Friedens zu gehen.
Ein chinesisches Sprichwort sagt:
Jedes Ding hat drei Seiten:
Eine, die du siehst,

eine, die ich sehe,
und eine, die wir beide nicht sehen.
Keiner Ideologie,
keinem politischen Machthaber
war je daran gelegen,
den Feind wirklich zu verstehen.
Ideologien nähren sich an ihrem
jeweiligen Feindbild,
sie wachsen daran,
bis sie letztendlich zerplatzen und
wieder neue Feinde gebären.
Und solange wir ihnen blind vertrauen,
werden wir immer wieder
gehorsam die Namen unserer Metzger
skandierend
zur Schlachtbank marschieren.
Letztlich sind wir nur Kanonenfutter,
denn solange auch nur ein Mensch
am Krieg Geld verdient,
wird es Kriege geben.
Wie es aussieht, werden wir diese Welt
nicht friedlicher machen.
Aber wir sollten es trotzdem versuchen.
Der Liebe zuliebe.

# Es gibt auch ein anderes Dresden

10. Dezember 2014

*Im Dezember 2014 verstärkten sich die Aktivitäten der PEGIDA (Patriotische Europäer gegen die Islamisierung des Abendlands). Die Gruppierung organisierte in Dresden mehrere Demonstrationen, die großen Zulauf fanden, und wurde nach und nach in ganz Deutschland als rechtspopulistische Bewegung bekannt. Plakate wie »Multikulti stoppen. Meine Heimat bleibt deutsch« und Fotos von Angela Merkel mit Kopftuch trugen zu einer zunehmend gereizten Atmosphäre bei. Anstatt sich klar gegen die neue Verrohung auf den Straßen zu positionieren, goss die CSU noch Öl ins Feuer. Anfang 2014 ließ ein CSU-Papier verlauten, Ausländer sollten dazu angehalten werden, in ihren Familien deutsch zu sprechen – zuhause! Konstantin Wecker erkannte die Gefährlichkeit dieser Gemengelage schon früh.*

Es hat sich ja wieder Einiges getan in unserer Groko-Republik. Die CSU hat allen Ernstes gefordert, Migranten sollten zu Hause Deutsch sprechen. Dann sollen halt die Herren und Damen Politiker von der CSU Flüchtlinge bei sich zu Hause aufnehmen, um das gleich höchstpersönlich nachzuprüfen. Wobei ich mir sicher bin, dass so mancher Flüchtling in ein paar Monaten besser hochdeutsch spricht als einige Hinterbänkler der Christsozialen.

Ernster ist leider die Causa »Pegida«. 10.000 Dresdner, Bürger einer Stadt mit gerade mal 4,1 Prozent Ausländern – davon viele noch Osteuropäer –, haben Angst vor der Islamisierung des Abendlandes. Diese schöne Stadt Erich Kästners sollte eher Angst haben vor einer Stupidisierung und Renazifizierung.

Spätestens mit dem öffentlichen Bekenntnis der AfD-Spitze, Pegida zu unterstützen, muss klar sein: Die AfD ist eine

NPD light. Das war sie zwar schon immer, aber jetzt hat sie sich, begierig auf die dumpfen Massen potentieller Wähler, selbst die Maske vom Gesicht gerissen. Pegida ist ein Bündnis frustrierter, von der Politik sträflich vernachlässigter und enttäuschter Menschen, die nun in die offenen Arme ewig gestriger, fanatisierter Rattenfänger laufen. Und sie alle eint eine der schlimmsten Plagen der Menschheitsgeschichte: der Rassismus. Der kommt immer ins Spiel, wenn jemand nicht bereit ist, weiter zu denken, sein Herz zu öffnen und vom hohen Ross seiner Selbstherrlichkeit herabzusteigen.

Aber es gibt auch die andere Seite! Dresden ist auch die Hochburg der Antinaziblockaden. »Dresden nazifrei« hat mehrfach bewiesen, wie man einen Mob auf den Straßen mit friedlichen Mitteln, aber entschlossenen, stoppen kann. Ich war einige Male selbst dabei, vor allem anlässlich der Jahrestage der Bombardierung Dresdens durch die Alliierten, jeweils im Februar. Ich habe in dieser Stadt, die heute in den Medien teilweise wie das »Herz der Finsternis« erscheint, fantastische Menschen kennengelernt. Mein Vertrauen in die engagierten Aktivisten dort ist groß.

Prompt erleben wir auch unter dem Motto »Dresden für alle« eine starke Gegenbewegung. Diese Mobilisierung derer, die auf das Gemeinsame und die Solidarität untereinander setzen, sollte Schule machen, auch in anderen Städten. Wir brauchen ein Europa für alle, mehr noch: eine Welt für alle!

## Hass kann man verwandeln

### 25. Dezember 2014

*Wir können uns vornehmen, liebevoll, weise, gütig zu sein – aber was, wenn die »Gegenseite« darauf nicht mit der erwünsch-*

*ten Ergriffenheit reagiert? Wenn sie sich*
*durch Weichheit zu Härte und Häme, durch*
*Verständnis zu noch mehr Hass provoziert*
*fühlt? Bleiben wir dann bei dem, was wir für*
*richtig erkannt haben, oder passen wir uns*
*dem Niveau der Hassenden nach unten an?*
*Eine echte Weihnachtsbotschaft Konstantin*
*Weckers, die auf sein intensives Engagement*
*für Flüchtlinge im Jahr 2015 vorausdeutete.*

Ich weiß, und hab es hier und anderswo
immer wieder erlebt:
Man kann auf Hass mit Verständnis
reagieren, dann wird einem
Selbstverliebtheit vorgeworfen.
Man kann Hass mit Liebe beantworten,
dann wird man als Lügner beschimpft.
Man kann Hass unbeantwortet lassen,
dann wird man als Feigling verachtet.
Anscheinend haben wir eine Kultur,
die nur versteht,
wenn man Hass mit Hass beantwortet.
Dann ist man mutig, männlich,
wird nicht verlacht.

Ist das ein Naturgesetz? Wohl kaum.
Es ist das alte, dumme, durchschaubare
Spiel, von den Herrschenden – meist
männlichen – als Naturgesetz verkauft,
von den Ohnmächtigen
als solches akzeptiert.
Versöhnung heißt nicht,
alles gutzuheißen.
Versöhnung heißt nicht, sich in eine
Kuschelecke zurückzuziehen.
Versöhnung ist radikal und erfordert
den Mut, zu seiner Meinung zu stehen.
Sie verständlich zu machen.
Ohne Gebrüll, ohne Verletzung,
ohne Waffen, ohne Kriege.
Aber zu etwas stehen meint auch:
Verstehen.
Andere, anders Denkende, anders
Gebildete, in anderen geistigen
Universen Lebende verstehen.
Verstehen – nicht gut heißen.
Erst wenn ich den Nächsten verstehe,
kann ich mich begreifen.
Hass ist immer aus Schmerz geboren.

Aber Hass kann man verwandeln.
Denn jedem Hass wohnt eine tiefe
Sehnsucht nach Liebe inne.

## Ich schweige

24. Januar 2015

*Das Jahr 2015 wurde mit dem Anschlag auf die Satire-Zeitschrift »Charlie Hebdo« in Paris auf beängstigende Weise eingeläutet. Wie wir heute wissen, war das leider nur ein Vorspiel noch dramatischerer Geschehnisse, die kommen sollten. Sogleich formierte sich in der Öffentlichkeit zu dem Thema eine Einheitsmeinung der Art »In der Not sind wir alle Charlie«, Reiche wie Arme, Opfer wie Täter dieses Wirtschaftssystems, das zu den kriegerischen Spannungen auf der Welt maßgeblich beiträgt. Auch die erstarkende Pegida-Bewegung nutzte das Attentat ge-*

*schikt als Brennstoff, um mit der fremden-
feindlichen Grundstimmung in Teilen der
Bevölkerung zu zündeln. Konstantin Wecker
reagierte – für viele unerwartet – lange mit
Schweigen. In einem aufgeheizten Palaver der
Bescheidwisser ist schon das Eingeständnis
von Ratlosigkeit eine Form des Widerstands.*

Ich habe jetzt längere Zeit geschwiegen,
weil mich eine große Sprachlosigkeit
befallen hat angesichts einer
Entwicklung, die gegen all das gerichtet
ist, wofür ich ein Leben lang
eingetreten bin.
Ich habe auch geschwiegen, weil ich
mich dagegen wehre, immer sofort
und abrufbar eine Meinung haben zu
müssen. Manchmal geht das bei mir.
Manchmal eben nicht.
Andere waren sehr gesprächig. Viele, um
ihr Entsetzen auszudrücken oder ihre
Anteilnahme. Ich habe ausgezeichnete
Beiträge gelesen, im Netz und in der
Presse.

Viele waren in diesen Tagen auch
gesprächig, um dieses oder jenes
Süppchen zu wärmen an den
Totenfeuern zu Paris.
Vor allem diejenigen, die diesem
Dresdner Möchtegern-Hitler so
begeistert zugejubelt haben. Auch da
habe ich noch lieber geschwiegen.
Und auch jetzt noch widerstrebt es mir,
meine Stimme in die Kakophonie
einer streiterfüllten so genannten
Debatte zu mengen.
Ich menge erst mal lieber
mein Schweigen darein.
Ich schweige, weil es ganz offensichtlich
so nicht weitergehen kann.
Ich schweige auch, weil aufrichtige
Trauer etwas sehr Leises und Inniges
ist; weil wütende Forderungen und
Schuldzuweisungen keine gute Art sind,
einen solchen Schock zu verarbeiten.
Und ich schweige, weil ich nicht
vereinnahmt werden möchte mit meiner
Trauer. Ich will meine persönlichen

Gefühle nicht einspannen lassen für eine kollektive Inszenierung, in der ich dann Seite an Seite marschieren muss mit Leuten, deren Machenschaften ich von ganzem Herzen ablehne.

Ich werde mir vielleicht noch ein bisschen Zeit lassen.

Und danach werde ich sprechen und handeln, wie ich es seit jeher tue.

Spätestens am 7.2. bei der Demo gegen die Sicherheitskonferenz in München.

Für ein liebevolles Miteinander unter den Menschen.

Für eine friedliche, gerechte Welt.

Für den Weg der Gewaltlosigkeit.

Trotz alledem.

Und überzeugter denn je,
dass dies der einzige Weg ist.

# Die EU tötet durch Unterlassung

20. April 2015

*Konstantin hat einen Traum. Für Hunderte von Flüchtlingen aus Afrika wurden das Mittelmeer und die unfassbare europäische Hartherzigkeit jedoch zum Alptraum. Wenige Tage, bevor dieser Text entstand, waren in der Presse 400 tote Bootsflüchtlinge gemeldet worden. Wenig später war von 700 (weiteren) die Rede. Nicht überall allerdings war dies in den Medien die Top-Nachricht. Was später als die »Flüchtlingskrise« bekannt werden sollte, begann in den Fluten des uns so vertrauten großen Badesees des europäischen Mittelstands. Nach Schätzungen der Internationalen Organisation für Migration (IOM) ertranken allein 2015 etwa 3000 Menschen.*

400 Menschen ertranken an einem einzigen Tag, quasi vor unserer Haustür. Die EU

hätte die finanziellen Mittel und die Möglichkeiten, die Flüchtlinge auf dem Mittelmeer zu retten. Aber sie lässt sie ertrinken – einer zynischen Logik zufolge. Das Rettungsprogramm Mare Nostrum, das Italien nach der Katastrophe von Lampedusa begonnen hatte, ist beendet worden. Die EU hat sich geweigert, es zu finanzieren.

Wie der stets unbestechliche Heribert Prantl in der SZ schreibt, hätten die Kosten für das Rettungsprogramm denen entsprochen, die demnächst für den Gipfel der Staats-und Regierungschefs in Elmau aufgewendet werden müssen. Der dauert zwei Tage. Mit derselben Geldsumme könnte man über 365 Tage Rettungseinsätze organisieren. Sind das die Wertigkeiten, die in Europa gelten? Diese Union tötet durch unterlassene Hilfeleistung.

»Ich hab einen Traum, wir öffnen die Grenzen und lassen alle herein«, habe ich in einem meiner jüngsten Lieder geschrieben.

Ja, ich werde nicht aufhören, diesen Traum zu träumen, ihn zu verbreiten und davon zu singen, jeden Abend in meinen Konzerten – bis ihn immer mehr Menschen träumen, bis die EU legale Einreisewege schafft, Zäune niederreißt und Menschen, die so unsagbar Schreckliches erdulden mussten, liebevoll umsorgt.

»Die EU ist Träger des Friedensnobelpreises«, schreibt Prantl. »Einer EU, die dem Sterben zuschaut, sollte der Preis wieder weggenommen werden. Eine Union, die das Meer als ihren Verbündeten begreift und einsetzt, ist eine mörderische Union.«

Und dann wird da von gewissen Politikern und Bürgern immer noch unterschieden zwischen Kriegs- und Wirtschaftsflüchtlingen. Als ob die so genannten Wirtschaftsflüchtlinge nicht deswegen vor Hunger und Not fliehen, weil auch wir sie mit unserem Wirtschaftssystem und unserem Wohlstand in die Armut getrieben haben.

# Was für ein wunderschönes Bild das doch wäre

3. Juni 2015

*Machthaber versammeln sich mit Vorliebe in Bayern – wegen der schönen Landschaft und ausreichender Härte der Polizei dort. Im Freistaat lässt sich trefflich das Volk treten ... äh: vertreten. Schon Wochen vor dem G7-Gipfel auf Schloss Elmau (7. und 8. Juni 2015) schwärmte eine devote Medienlandschaft, vom neoliberalen Heimatblättle bis zur Adelsgazette, vom schönen Alpenblick und dem Luxus, den Gäste dort genießen konnten. Eigentlich ist die Monarchie fast überall abgeschafft, aber die Weltenlenker zelebrierten recht ungeniert ihre Privilegien und bestellten sich Tausende Polizisten, die sie gegen das Bürgergeschmeiß wie mit einem Mückengitter abschirmen. Das brachte Konstantin Wecker auf einen schönen Traum – wieder mal.*

In Südostasien treiben laut UN-Schätzungen noch mehr als 3000 Bootsflüchtlinge vor den Küsten. Im Schloss Elmau hingegen, einem Fünf-Sterne-Hotel im wunderschönen Wettersteingebirge, bereitet man sich auf die politischen Eliten der so genannten »Gruppe der Sieben« vor. Da brutzelt es wohl schon in den Pfannen der Sterneköche, während draußen eine 8 Kilometer breite Sicherheitszone errichtet wird. 17.000 Polizisten werden im Einsatz sein, der Bund zahlt 80 Millionen, der Freistaat Bayern 130 Millionen. Auf dass die Speisen der Bewachten noch erlesener seien!

Die einen wollen sehnlichst an Land, treiben unter erbärmlichsten Bedingungen auf hoher See und wünschen sich nichts als ein warmes Lager, etwas zu essen und menschliche Wärme. Die anderen wollen nicht raus aus ihrer Luxusenklave, denn da warten Tausende von Menschen mit kritischen Fragen. Drinnen geht es ausschließlich um edle, menschenfreundliche Themen, wie es uns gestern das Fernsehen zu erklären versuchte: internationalen Klimaschutz, Stärkung der Frauenrechte, Antibiotikaresistenzen. Man wird schon einen Grund gehabt haben in den Redaktionen, warum die eigentlichen Themen TTIP sowie Kriegs-, Sicherheits- und Flüchtlingspolitik nicht erwähnt wurden.

Über 50 Millionen Kinder, Frauen und Männer sind weltweit auf der Flucht, hungernd und ohne Dach über dem Kopf. In Bayern lässt man es sich über 250 Millionen kosten, die selbsternannten Weltbestimmer zu beschützen und zu bewirten. Was hat das miteinander zu tun, werden jetzt manche fragen. Thema verfehlt, Herr Wecker! Nun – könnte man hohe Politik nicht auch weniger protzig, eitel und kostspielig betreiben?

Die Gegner des Gipfels campieren unter freiem Himmel, sie haben das größere Herz und die besseren Argumente. Vielleicht sollte man sie einmal ins Schloss bitten und die Politiker campen lassen!? Vielleicht dämmert es dem einen oder anderen dann mal, was er alles falsch gemacht hat!? Wie man sich verrannt hat in ein Universum der großkotzigen Gleichgültigkeit, in dem kritische Demokraten nichts anderes sind als lästige Läuse, die man sich mit Hilfe von 17.000 Polizisten vom Leib – besser: vom Pelzmantel – halten lässt.

Was für ein wunderschönes Bild das doch wäre: Volksvertreter auf Augenhöhe mit denen, die sie angeblich vertreten. Manchmal sieht es nur leider so aus, als würden sie uns nicht vertreten, sondern lieber von Sicherheitsbeamten treten lassen.

## Sagt nein!

10. Juli 2015

*Leider hat sich seit dem fulminanten antifaschistischen Lied »Sage nein« von 1993 nicht viel verändert in der politischen Land-*

*schaft – es sei denn zum Schlechteren. Und was Angriffe auf Asylbewerberheime betrifft, deren Höhepunkt man seit den Jahren nach der Wende überwunden glaubte – sie flammten Mitte 2015 auf entsetzliche Weise wieder auf. Flankiert wurden diese nicht nur juristisch, sondern auch menschlich verwerflichen Taten durch eine Verschärfung des Asylrechts seitens der Bundesregierung. Das Recht des Staates, Schutzsuchende wie Verbrecher zu inhaftieren, wurde in einem Gesetz beträchtlich ausgeweitet.*

»Wenn wir in Europa unter einem Defizit leiden, dann ist es ein Defizit an Demokratie. Die Institutionen, die über das Leben der Menschen entscheiden, ändern wir in demokratiefreie Zonen. Davon profitieren schwarze Mächte, die Demokratie und Menschenrechte aushöhlen wollen.« Das sagte Yanis Varoufakis in einem Stern-Interview am 11.2.2014.

Und während die Finanzmärkte in bizarrer Unmenschlichkeit Griechinnen und Griechen, die nie auch nur ein Cent von den hochgelobten Hilfsgeldern erreicht hat, kaltschnäuzig verbluten lassen, beschloss fast klammheimlich am vergangenen Donnerstag die Große Koalition eine Verschärfung des Asylrechts. Sie läuft auf eine Kriminalisierung fast aller Flüchtlinge hinaus, und zwar einschließlich der Möglichkeit, diese umgehend zu inhaftieren.

Das ist die gängige Vorgehensweise: Im Windschatten anderer dramatischer Geschehnisse werden weiter die Daumenschrauben angezogen, die man der Demokratie schon seit längerer Zeit angelegt hat. Öffentlich schimpft man auf Pegida, aber heimlich beugt sich die Regierung dem Druck von Xenophoben. »Die Bundesregierung hat also ein Pegida-Gesetz erlassen«, schreibt Sascha Lobo in seinem lesenswerten Beitrag auf SPIEGEL online. Und weiter: «Das ist kein Zufall, eine neo-nationalistische Stimmung breitet sich aus, in Politik, Medien und Bevölkerung. Es ist akzeptabel geworden, ›Deutschland zuerst!‹ nicht nur zu denken, sondern auch zu schreien …«

In Freital, einer 40.000-Einwohner-Stadt in Sachsen, passiert derweil Ungeheures. Der Mob ist außer Rand und Band. Bewohner demonstrieren dort lautstark gegen eine Erstaufnahmeeinrichtung für Asylbewerber. Und noch etwas eint diese Leute: ihre menschenverachtenden Facebook-Postings! Sie wurden nun gesammelt auf einer öffentlichen Webseite veröffentlicht, die auf die grassierende Ausländerfeindlichkeit aufmerksam machen will: »Perlen aus Freital« heißt der Blog. Der Betreiber möchte anonym bleiben. Zu groß ist die Angst vor Angriffen. Ein gewisser Günther hält da »Zyklon B für das richtige Willkommensgeschenk für Flüchtlinge«. Andreas möchte gern die »Treibjagd« eröffnen usw. Weitere widerliche Dummheiten will ich meinen Leserinnen und Lesern ersparen.

In vielen Medien ist bezogen auf Freital nun von »Asylgegnern« die Rede. Dies ist jedoch ein gefährlicher Euphemismus, eine Verharmlosung rassistischer Gewalt. So ist dem *Focus* eine eigentlich unfassbare Formulierung – hoffentlich unabsichtlich – in den Ticker gerutscht: »Sie riefen Sieg Heil – Asylgegner in Freital gehen auf eigene Ordner los.« Wie bitte? Ein gewalttätiger Mob, der »Sieg Heil« brüllt, das sind bloß »Asylgegner«? Sind dann Vergewaltiger auch »Frauengegner«, Schläger, die einen Schwulen verprügeln, nur »Homosexualitätsskeptiker«?

Wir dürfen die Revolution nicht den Rassisten überlassen. Seid wachsam! Sagt Nein!

# *Warum ich einen Nazi umarmte*

28. Juli 2015

*Bei diesem Beitrag Konstantins mag schon die Überschrift provozierend wirken. Erst recht die Episode selbst, die der Künstler schon in seinem Buch »Mönch und Krieger« erzählte. Dennoch ist es richtig, bei aller berechtigten Abscheu vor rechten Gewalttaten, die Perspektive zu erweitern. Jede noch so falsche und gefährliche Weltanschauung hat eine Entstehungsgeschichte – und auf jedem Irrweg gibt es die Möglichkeit der Umkehr. Es gibt keine Garantie dafür, dass Güte, Vergebung, ja Zärtlichkeit verirrte Menschen »bekehren« kann; aber die Alternative – die Hassenden zu hassen – ist ebenfalls nicht ohne Risiko, zumal sie auch den, der ursprünglich für Humanität eintrat, negativ verändern kann.*

In Dresden ist eine Zeltstadt für bis zu 1.100 Flüchtlinge aus Syrien errichtet worden. Schon den Aufbau behinderten Rechtsextreme bei einer NPD-Demonstration und sie bedrohten die Helfer. Diese und viele andere ähnliche Meldungen treiben einem die Schamesröte ins Gesicht. Die hassverzerrten Gesichter der Rassisten sind kaum zu ertragen.

Aber wir sollten aufpassen, dass unsere Empörung nicht ebenso Hass in unseren Herzen entstehen lässt und auf unsere Gesichter zeichnet. In meinem Buch »Mönch und Krieger« beschreibe ich ein Erlebnis, das mir unvergessen bleiben wird und ein ganz klein wenig Hoffnung gibt:

Nur die Kraft der Versöhnung und der Vergebung kann etwas Nachhaltiges bewirken. Dieser Bereitschaft zur Versöhnung muss eine klare Analyse vorausgehen. Sie sollte auch nicht dazu führen, dass man die eigene Haltung aufgibt und sich die gegnerische Meinung zu eigen macht. Manchmal aber kann sogar Zärtlichkeit, auch wenn es schwer fällt, der richtige Weg sein, jemanden von der Unrichtigkeit seines Handelns zu überzeugen.

Als ich 1996 mit einem schwarzafrikanischen Chor aus Kamerun auf Tour war, wurden wir in einer Stadt in Ostdeutschland gefragt, ob wir einem Jugendzentrum, dessen »Schützlinge« rechtsradikalem Gedankengut nahe standen, einen Besuch abstatten wollten. Ich fand das sehr interessant und fragte meine Freunde aus Kamerun, ob sie mitkommen wollten. Wir waren geschützt und Gewalt war nicht zu erwarten.

Zwei der Sänger begleiteten mich dann. Sie kamen in Kameruner Tracht und wir standen einem feindseligen Haufen junger Leute gegenüber, die uns spöttisch angrinsten. Nach ein paar einleitenden Worten des Leiters des Zentrums und einigen belanglosen Wortgefechten fragte ich einen der Wortführer, ob er denn bereit wäre, einen meiner Sänger in den Arm zu nehmen. Er schüttelte sich demonstrativ angeekelt und sagte unter beifälligem Gemurmel der anderen, zum Großteil sehr jungen Leute: »Nie. Nie nehm ich einen Schwarzen in den Arm.« Darauf rief mir einer zu: »Du würdest einen von uns auch nicht in den Arm nehmen.«

Gelächter allerseits. Daraufhin trat ich auf den jungen Mann zu, spontan und ohne mir etwaige Konsequenzen überlegt zu haben, nahm ihn in den Arm und drückte ihn an mich. Es herrschte eine atemlose Stille im Raum für einen fast endlosen Augenblick.

Dann sagte er zu mir einen Satz, den ich nie vergessen werde: »Das hat in meinem ganzen Leben noch nie jemand mit mir gemacht.« In seinem ganzen Leben – ich war erschüttert. In was für einem Elternhaus musste der junge Mann aufgewachsen sein, wenn ihn nie jemand in den Arm genommen hat? Man verzeihe mir die Polemik, aber was soll da denn dabei herauskommen, wenn nicht ein Rassist, ein Gewalttäter, ein

Nazi? Ich wage zu behaupten, ohne diese verdammte »schwarze Pädagogik« zu Anfang des 20. Jahrhunderts, ohne diese autoritäre, Menschen zu Untertanen abrichtende, lieblose, entzärtlichte Erziehung wäre das »Dritte Reich« nicht möglich gewesen. Es wäre sonst einfach nicht denkbar gewesen, dass Millionen von Menschen sadistischen und entmenschlichten Führern bedingungslos folgen.

## Aus Liebe zum Lebendigen

### 31. August 2015

*Am 27. August 2015 berichteten die Zeitungen über den grausamen Erstickungstod von über 70 Flüchtlingen in einem Lastwagen im österreichischen Burgenland. Handelte es sich dabei schlicht um eine »Tragödie«? Der Begriff, in den Medien gern* verwendet, suggeriert eine schicksalhafte Unausweichlichkeit, wie sie im griechischen Theater für die Deutung von Unglücksfällen üblich war. Aber war das entsetzliche Geschehen wirklich unvermeidlich? Tragen nur perfide Schlepperbanden daran die Schuld, oder spielte auch die menschenfeindliche Abschottungspolitik der europäischen Regierungen eine Rolle? Konstantin Wecker geht bei seiner Deutung des Geschehens noch tiefer und verwendet dafür den Begriff der »Nekrophilie« (Liebe zum Tod), den Erich Fromm erstmals als umfassende Geisteshaltung analysiert hat.

1964 schrieb Erich Fromm: »Die Nekrophilie (...) ist genau jene Antwort auf das Leben, die im völligen Gegensatz zum Leben steht; sie ist die morbideste und gefährlichste unter allen Lebensorientierungen, deren der Mensch fähig ist. Sie ist eine echte Perversion: obwohl man lebendig ist, liebt man nicht das Lebendige, sondern das Tote. Nicht Wachstum, sondern Destruktion.«

Rainer Funk schreibt in seinem lesenswerten Buch »Erich Fromm«, Fromm stelle dem Angezogensein vom Leblosen und Zerstörerischen das Angezogensein vom Lebendigen und die Liebe zum Lebendigen (Biophilie) gegenüber. Er frage generell nach der Eigendynamik alles Lebenden. Diesem sei über das Streben nach Überleben hinaus eine »Tendenz zur Integration und Vereinigung« eigentümlich.

Wer sich mit dem unglaublichen Fremdenhass, der sich derzeit im Netz breit macht, intensiver beschäftigt, wird sich an diese Worte Fromms erinnert fühlen. Wenn anlässlich des schrecklichen, für jeden auch nur ein bisschen mitfühlenden Menschen geradezu unerträglichen Erstickungstods der Flüchtlinge im ostösterreichischen Burgenland jemand schreibt: »Schade, dass es nicht 5000 waren« – und das war nicht einmal der grausamste Kommentar –, dann fehlt diesem die Liebe zum Lebendigen. Wer Molotowcocktails in Flüchtlingsheime wirft, dem ist der Tod näher als das Leben. Es fehlt das, was das Menschsein überhaupt erst liebenswert macht: Liebe.

Fromm konnte vor Hitler fliehen, er hat die Nekrophilie der Faschisten am eigenen Leib erfahren. Damit so etwas nie mehr passiert, braucht es endlich wieder eine Sozialpolitik, die ihren Namen verdient. Es muss Schluss gemacht werden mit der brutalen Austeritätspolitik der EU, die ganze Staaten in den Abgrund treibt. Zu einer umfassenden Faschismusprävention gehört unbedingt eine tagtäglich in allen Erziehungsbereichen warmherzig praktizierte Humanität. Nur gelebte Mitmenschlichkeit kann verhindern, dass erneut aus geschundenen Menschen Befehlsempfänger werden, wie sie das Dritte Reich kannte.

»Wer schon einmal geschlagen wurde, wem als Hilflosem psychische Gewalt begegnete, der weiß, was so etwas vor allem mit einem jungen Menschen machen kann«, schreibt Sibylle Berg. »Die Gewalt gegen Aufwachsende, die Grausamkeit im Umgang mit Kindern, die fast bis in die Generation derer reicht, die heute um die 50 sind, und die in manchen Familien immer noch normal ist, kann erklären, warum trotz einigermaßen guter Schulbildung immer noch Menschen in Deutschland auf der Straße stehen und sich einnässen vor Hass.« Wir müssen uns einer Politik widersetzen, die trotz heuchlerischer Lippenbekenntnisse denen in die Hände spielt, die »vom Leblosen und Zerstörerischen« angezogen sind.

Die »Plattform für eine menschliche Asylpolitik«, der mehrere österreichische Flüchtlingshilfsorganisationen angehören, bezeichnete den Tod der Flüchtlinge als »das grausige Resultat der Abschottungspolitik, für die die Regierungen Europas die volle Verantwortung tragen«. Bei dem am Donnerstag entdeckten Verbrechen handle es sich um Mord, so die Organisation: »Aber die Mörder sind nicht nur jene Lumpen, die die Flüchtenden

ersticken ließen. Sondern auch alle jene Poli-
zeiminister, die verzweifelten, schutzbedürf-
tigen Menschen die Zuflucht verwehren.«
Die »Plattform« fordert daher die »sofortige
Öffnung der Grenzen für Flüchtlinge«.

Aber vor allem, liebe Freunde – auch
wenn es schwer fällt –, dürfen wir uns vom
Hass unserer Gegner nicht anstecken lassen.
Unser Handeln muss aus Liebe zum Leben
und zu allem Lebendigen geboren sein.

## Helfen statt Hassen

2. September 2015

*Oft überschreiten ja nur negative Nach-
richten – Bilder von Hass, Rassismus, Gewalt und Brandschatzung – die Aufmerk-
samkeitsschwelle. Dabei gehen die »kleinen«
(in Wahrheit doch so großen) Gesten der vie-*

*len Menschen verloren, die es nicht nur gut
meinen, sondern auch Gutes tun. Deshalb
ist Konstantin Weckers Beitrag vom 2. September 2015 auch verhalten optimistisch.
Am Münchner Hauptbahnhof hatten kurz
zuvor Einwohner die ankommenden Flüchtlinge mit Lebensmitteln, Medikamenten
und Plüschtieren für die Kinder empfangen.*

Als wäre mein Lied »Ich habe einen
Traum« schon ein bisschen wahr geworden, erreichen mich diese schönen Nachrichten aus München von vielen Freunden:
Schon seit der Nacht engagieren sich zahl-
reiche Freiwillige am Hauptbahnhof für die
ankommenden Flüchtlinge. Darunter auch
eine Gruppe junger Münchner, die sich sonst
bei Anti-Pegida-Demonstrationen versammelt und nicht immer einer Meinung mit der
Münchner Polizei ist. Heute allerdings ist das
anders! Die Helfer äußerten sich überglück-
lich, wie »geil« die Zusammenarbeit mit der
Polizei funktioniere. Alle haben schließlich
ein gemeinsames Ziel: Flüchtlingen helfen!

Derzeit herrschen in München wieder Temperaturen über 30 Grad. Um es den ankommenden Flüchtlingen bei der Hitze ein wenig erträglicher zu machen, hat die Feuerwehr Lüfter aufgestellt. Die Polizei kümmert sich inzwischen auch um die leeren Mägen, wie die Abendzeitung berichtet. Sie hat Schokoriegel gekauft und verteilt diese nun an die Menschen, die bereits seit Wochen unterwegs sind und heute in München ankommen.

Etliche Menschen kommen mit Lebensmitteln, Wasser oder Babywindeln zum Bahnhof, um die Ankömmlinge mit dem Nötigsten zu versorgen. Sogar Kartons mit Plüschtieren stehen am Vormittag bereit, viele Kinder halten später glücklich einen Stoffbären in ihren Händen. »Die Hilfe von der Bevölkerung reißt nicht ab! Klasse!«, twittert die Münchner Polizei mittags. So geht's eben auch. Danke München!

Natürlich ist mir klar, dass dergleichen nicht nur in München passiert. Das macht mich nach so vielen schlechten Nachrichten wieder richtig hoffnungsfroh. Helfen, statt hassen!

## *Lasst uns die Türen weiter aufreißen*

15. September 2015

*Die Parteinahme Konstantin Weckers für die Flüchtlinge wuchs sich im September 2015 zum Familienunternehmen aus. Auch Ehefrau Annik und Sohn Tamino engagierten sich mit viel Mut und Tatkraft. Beide reisten sogar selbst nach Ungarn, um ankommenden Geflüchteten zu helfen. Anders als die Politik der Bundesregierung, die im Herbst wie ein Schilfrohr im von rechts herüberblasenden Wind schwankte, machen solche privaten Initiativen*

*Mut. Politik, so macht Konstantin klar, kann und muss von unten verändert werden.*

Meine Frau Annik und mein 15jähriger Sohn Tamino haben sich vor einigen Tagen spontan entschlossen, nach Wien zu fahren, um sich dort Menschen anzuschließen, die den Asylsuchenden in Ungarn helfen. Sie haben über die Facebookseite »SOS RÖSZKE! AKUTHILFE!« großartige Menschen kennen gelernt, die diese Hilfsaktionen koordinieren.

Als mir mein Sohn erzählte, was er erlebt hatte, musste er weinen. Er sah direkt neben sich eine Mutter zu Boden stürzen. Ihr kleiner, etwa 8jähriger Sohn tätschelte ihr, um Hilfe schreiend, immer wieder das Gesicht. Polizisten standen tatenlos und Sandwiches kauend daneben. Es gibt kaum Müllcontainer, keine Duschen, keine Matratzen, zu wenig Zelte, nicht einmal fließendes Wasser. Die Menschen kauerten apathisch auf dem Boden und hatten erkennbar Angst.

Bei all dem entsetzlichen Leid, mit dem wir nun konfrontiert werden, keimt in mir aber auch Hoffnung. Wir alle wurden überrascht von dieser wunderschönen Woge der Hilfsbereitschaft an deutschen Bahnhöfen und auch anderswo. Sie ist die beste Antwort auf brennende Flüchtlingsunterkünfte und unbelehrbare, unbarmherzige Rassisten.

Gregor Gysi sagte mir neulich bei einem Treffen in München, die einzige Chance, Politiker zum Umdenken zu bewegen, sei, dass sich der Zeitgeist ändert. Diese Welle des »tätigen Mitgefühls« (Albert Schweitzer) hat eine Tür einen Spaltbreit aufgemacht. Eine Tür ist geöffnet zur Revolution, zum längst fälligen Widerstand gegen eine wahnwitzige neoliberale Ideologie, die wie ein bösartiger Moloch permanent mit Kriegen und Umweltverwüstung gefüttert werden muss und überall verbrannte Erde zurücklässt. Wir müssen nun einen Fuß in diesen Türspalt stellen, damit sie nie wieder zuschlägt.

Es ist schön zu sehen, dass sich so viele junge Menschen – in einer Altersgruppe, der man sonst nicht unbedingt großes politisches Engagement nachsagt – an diesen Hilfsaktionen beteiligen. Annik und Tamino konnten zwei junge Männer (17 und 20), die auf der mehrmonatigen Flucht all ihre Verwandten verloren hatten, trotz der Grenzkontrollen nach Deutschland bringen. »Wenn das verboten ist, dann muss man eben auch was Verbotenes machen«, meinten sie lapidar. Die beiden Flüchtlinge hatten, als sie die ungarische Grenze passiert hatten, Freudentränen in den Augen.

Nur zwei Wochen, nachdem sich Bundeskanzlerin Angela Merkel bereit erklärt hatte, Flüchtlinge in Deutschland aufzunehmen, und sich wegen der »deutschen Willkommenskultur« international feiern ließ, hat die Bundesregierung jedoch die Grenzen für Flüchtlinge dicht gemacht. Sowohl Horst Seehofer als auch Victor Orban lobten im Anschluss die Schließung der deutschen Grenze. Auch Sigmar Gabriel hat die Rückkehr zu Grenzkontrollen ausdrücklich verteidigt. Da wächst wohl zusammen, was zusammen gehört.

Liebe Freunde, lasst uns die Türen, die die Orbans dieser Welt schließen möchten, weit aufreißen und den Politikern zurufen: Öffnet legale Wege nach Europa! Bezahlt die Unterbringung der Flüchtlinge aus den Milliardengewinnen der Rüstungskonzerne! Und nicht zuletzt: Verbietet alle Rüstungsexporte!

## Träumen wir weiter

1. Oktober 2015

*»Träum weiter!« ist ein abqualifizierender Spruch, der gern verwendet wird, um Menschen, die sich einer besonders gefühlvollen Sprache bedienen, lächerlich zu machen.*

*Wie wäre es, wenn wir das aufgreifen würden und tatsächlich weiter träumen? Und wenn wir die »Erstarrten«, von denen einem älteren Lied Konstantin Weckers zufolge »das Geschick der Welt gelenkt« wird, herausfordern würden: durch noch größere Träume und, ja, durch noch mehr Güte? Freilich gilt es neben unmittelbarer Hilfe auch, das Problem an der Wurzel zu packen, wie Konstantin in diesem Beitrag klar macht. Waffenhändlern Millionengeschäfte zuzuschanzen und über Massen traumatisierter Menschen zu klagen – das ist heuchlerisch.*

Eine Mehrheit der Deutschen will den Flüchtlingen helfen. Es gibt sie, die Willkommenskultur. Und es ist einfach nur dumm und perfide, sich über das Engagement der vielen Freiwilligen lustig zu machen. Viele Menschen haben zurzeit Angst, und die wird von verantwortungslosen Politikerinnen und Politikern bewusst geschürt. Gern auch mit Falschinformationen und reißerischen Parolen.

Verschwiegen wird: Es war und ist gerade die ausbeuterische Welthandelspolitik der westlichen Staaten und ihrer multinationalen Konzerne, die den Menschen in den Ländern des Südens ihre Lebensgrundlagen entzieht, sie dazu zwingt, vor dem Elend und der Armut in ihren Heimatländern zu fliehen. Verschwiegen wird auch, dass Waffenexporte, an denen sich trefflich verdienen lässt, immer wieder Öl in einen Brand gießen – unter dem infamen Vorwand, damit das Feuer löschen zu wollen. Wer Waffen sät, erntet Flüchtlinge.

Claus Schreer schrieb dazu in der *Jungen Welt*: »Alle Flüchtlinge haben das Recht, zu kommen und zu bleiben, nicht nur diejenigen, die vor Krieg und Verfolgung fliehen, sondern auch diejenigen, die dem Hunger und Elend in ihren Herkunftsländern entkommen wollen. Sie brauchen sichere Fluchtwege und legale Einreise in die EU. Nur wenn es legale Einreisemöglichkeiten nach Europa gibt, werden Flüchtlinge nicht mehr gezwungen sein, Tausende Euro für Schleuser zu bezahlen und sich in Lebensgefahr zu begeben. Erst dann wäre auch den skrupellosen Schleusern die Geschäftsgrundlage entzogen.«

Ich jedenfalls habe nicht vor, mich durch Einschüchterungsversuche entmutigen zu lassen, wie sie vor allem durch eine Flut rechtslastiger Kommentare auf meiner Facebook-Seite gegen mich gerichtet werden. »Träume können subversiver sein als politische Ideologien, deshalb sind sie für die selbsternannten Realisten so bedrohlich«, schreibt Arno Gruen.

Träumen wir weiter. Seien wir subversiv. Helfen wir. Heißen wir die Flüchtlinge willkommen.

# Heißen wir die Flüchtlinge weiterhin willkommen!

29. Oktober 2015

*Das Neue ist immer ungewohnt und mitunter beängstigend. Wer für diese Angst absolut keine Bewältigungsstrategien kennt, schlägt um sich, will das Neue zerstören oder es weit von sich wegschieben. Es ist keine Stärke, wenn der Volkszorn seit Ende 2014 besonders lautstark tobt, es ist Schwäche. Konstantin Wecker plädierte in diesem Beitrag für ungeteiltes Mitgefühl.*

Was sind das für Menschen, die Unterkünfte abfackeln, in denen arme und leidende Mitmenschen ohne zu erfrieren überwintern könnten? Sind sie als Kinder misshandelt und missbraucht worden? Hat man ihnen in Zuchtanstalten jeden Rest eigenen Empfindens und Selbstwertgefühls aus dem Herzen geprügelt? Sind das Monster oder ist das der »brave Mann von Nebenan«? Oder sind es, wie es oft heißt, nur ängstliche Menschen, die ihr karges Eigentum beschützen wollen? Wie es scheint, sind sie verunsichert, egoistisch, oft auch erbarmungslos und vor allem eines: manipulierbar. Menschen, die man aufhetzen kann, lassen sich auch gut als Kanonenfutter im Kriegsfall einsetzen. Nach außen hin geben sie sich gern breitbeinig, im tiefsten Inneren sind sie unterwürfig, ergeben, gehorsam.

Meist sind die größten Krieger große Feiglinge, weil sie andere Meinungen nicht an sich heranlassen wollen. Lieber schlagen sie das Fremde, Ungewohnte tot. Die meisten von uns haben schon erlebt, wie sich ihr Leben von heute auf morgen, von einer Sekunde zur anderen ändern kann. Man kann sich gegen das Neue, Fremde, Ungewohnte und Unausweichliche stemmen und daran ersticken – oder man kann es als Chance sehen. Als Chance, über die von uns allen mit verschuldeten Ursachen der Flüchtlingsbewegung endlich einmal ehrlich nachzudenken, Fehler zuzugeben und sie zu korrigieren.

Steven Vertovec, Direktor am Max-Planck-Institut zur Erforschung multi-ethnischer Gesellschaften, schrieb in der *Süddeutschen Zeitung*: »Wann immer von den Veränderungen nach der Wiedervereinigung vor 25 Jahren die Rede ist, ist es in Deutschland üblich, die Formulierung ›seit der Wende‹ zu gebrauchen. Die sozialen Entwicklungen, vor denen Deutschland jetzt steht, sind von einer ähnlichen Größenordnung. Die Formulierung ›seit der Flüchtlingskrise‹ wird deshalb zu einer ebenso geläufigen Redewendung werden.«

Geschichte ändert sich. Umstände ändern sich. Jahrzehnte lang haben wir gehofft, wir hätten mit »denen da draußen« nichts zu tun. Jetzt stehen sie vor unserer Tür. Nehmen wir sie an. Nehmen wir sie auf. Stellen wir uns endlich den Tatsachen. Nehmen wir die Herausforderung doch lieber als Chancc, um uns im Austausch mit dem Fremden, Anderen selbst neu zu erfinden. Um uns wiederzufinden in unserem Mitgefühl, unserer Bereitschaft zu lernen, unserer fast schon verschütteten Fähigkeit, aufeinander zuzugehen und einander in den Arm zu nehmen.

Nie werde ich die Perversität der Annahme verstehen, ein Mensch sei erst dann legal, wenn er ein Papier mit einem Stempel besitzt. Kein Mensch ist illegal. Heißen wir die Flüchtlinge weiterhin willkommen.

## Ja, wir brauchen eine Revolution

31. Oktober 2015

*Die Revolution – das ist entweder etwas, das »wir« machen – oder es findet eben nie statt. Diese Auffassung herrscht bei der Lin-*

*ken weithin vor. Sie könnte sich jedoch als Illusion erweisen, denn die revolutionäre Energie steigert sich derzeit beträchtlich – allerdings von rechts. Die parlamentarische Rechte, allen voran bayerischer Provenienz, liefert dafür teilweise die Stichworte – nicht ohne die Brandstifter, die diese hernach aufgreifen, entrüstet zu verurteilen. Wieder zeigt sich an diesem Text Konstantin Weckers visionärer Scharfblick – im Guten wie im Schlechten.*

Wir brauchen eine linke Revolution – sonst putschen die Rechten. Nicht erst seit dem kühl kalkulierten populistischen Kasperletheater eines Horst Seehofer klingeln bei mir jedenfalls die Alarmglocken.

Markus Graf schrieb sehr richtig in seinem Kommentar: »Eine Veränderung herrschender Strukturen geht immer vom Rand aus. Es ist unsere wichtigste Aufgabe, dafür zu sorgen, dass die Veränderung vom LINKEN Rand ausgeht, dass der Veränderung die Ideen des Pazifismus und der uneingeschränkten sozialen Gerechtigkeit zugrunde liegen.«

Nur, wir sollten aus unserer eigenen Geschichte lernen. Ende der 70er Jahre habe ich selbst erleben müssen, wie sich die Linke dogmatisierte, zersplitterte und in zahllosen Kleinkriegen aufrieb. Oft waren die Akteure maßlos arrogant und eitel – Machos durch und durch. Diese Fehler drohen sich jetzt zu wiederholen. Der Kapitalismus hat ausgedient, das spüren viele heute – nur er selbst offenbar nicht. Der Neoliberalismus ist dabei, die Demokratie abzuschaffen, sie auf das für die Profite der Wenigen nicht Störende einzugrenzen. Flankenschutz erhält er durch weite Teile der linken Szene, die dabei ist, sich in ideologischer Rechthaberei zu zerstören. Immer will jemand noch »linker« sein, den Gleichheitsdiskurs dominieren und die einzig gültige Wahrheit zum Thema Toleranz verkünden.

Ich gebe zu, ich bin und bleibe ein alter Anarchist. Aber ich habe kein Problem mit Kommunisten und Trotzkisten, Sozialisten und aufrechten SPD-Mitgliedern, ja, mit allen radikalen Demokraten, denen jeder Anflug rassistischer oder faschistischer Gesinnung ein Gräuel ist. Mit ihnen zusammen will ich gern Pläne schmieden, wie wir den Wahnsinn des Neoliberalismus, diese himmelschreiende Ungerechtigkeit, stoppen können. Ein Prozent der Menschheit besitzt so viel wie 99 Prozent – das kann doch nicht gut gehen!

Dorothee Sölle schrieb sehr weitsichtig schon 1997: »Dieses Zusammenspiel von Weltherrschaft der Konzerne in der Globalisierung und einer neuartig inszenierten Individualisierung ohne Rest, ohne Bindung an die Geschwistergeschöpfe erscheint hoffnungslos, ein Weiterrasen auf den apokalyptischen Untergang hin ...«

Ja, wir brauchen eine Revolution.

Und, liebe Freundinnen und Freunde, keine Angst vor dem Wort Revolution! Eine Umwälzung ist ja sowieso schon im Gange und wird sich weiterhin vollziehen. Allerdings: Wenn wir sie nicht in Angriff nehmen, tun es die anderen. Die Pegidisten aller Art etwa. Und was dann geschähe, wenn die die Oberhand gewinnen sollten, mag ich mir in meinen schwärzesten Träumen nicht ausmalen.

## Das Widerstehen wieder lernen!

1. November 2015

*Parallel zur »Wiederbelebung« der Straßen durch rechte Parolen machte sich Ende 2015 die zur Partei geronnene Fremdenfeindlichkeit, genannt AfD, breit. Diese hatte nicht nur in Umfragen zugelegt, sie radi-*

*kalisierte sich auch mit dem Wechsel von Lucke zu Petry an der Spitze. In diesem Beitrag ging Konstantin Wecker stärker auf das Wie des revolutionären Handelns ein. Klar ist, dass sich die Umstürzler nicht – wie die Schweine in George Orwells Parabel »Farm der Tiere« – den Umzustürzenden angleichen dürfen. Widerstand umfasst auch ein deutliches Nein zu deren Denkkategorien der Gewalt und der emotionalen Verhärtung. Die nicht-hierarchische, vernetzte Hilfe vieler Menschen in der Flüchtlingskrise könnte die Keimzelle zu etwas Neuem werden.*

Die rechtspopulistische AfD erreichte in diesen Tagen den höchsten Umfragewert seit einem Jahr: 8 Prozent. Sie profitiere vom Flüchtlingszustrom in Deutschland, heißt es. Das mag sein. Es fällt mir schwer, zu verstehen, was in den Köpfen von Menschen vorgeht, die beim Anblick Not leidender Menschen statt Hilfe nichts anderes als »Ausschaffung« im Sinn haben.

Bei so viel politischem Gegenwind ist klar, dass wir uns keinesfalls von diesem erfassen und nach rechts treiben lassen dürfen. Widerstand ist das Gebot der Stunde. Und das heißt eben auch aufstehen, sich wehren, aktiv sein.

In meinem Song »Revolution« singe ich:

»Und drum müssen wir uns wieder neu erdenken,
uns vernetzen, uns mit uns beschenken,
nicht gewaltvoll, doch gewaltig an Ideen,
ohne Führer, doch zusammenstehen ...«

Was ich in diesem Lied fordere, ist eine Revolution des Herzens und des Bewusstseins und, ja: eine Revolution der Liebe. Es ist wichtig, dies festzustellen, da das Wort »Revolution« viele Menschen ängstlich zusammenzucken und an Guillotinen und Gulags denken lässt. In Teilen ist diese Angst verständlich, wie ein Blick in die Geschichte zeigt. Ich selbst konnte mich für Aufmär-

sche, Galgen, Knüppel und Umerziehungs-
lager für Andersdenkende nie begeistern.

Wir sind so stark von einer Kultur des
Todes beeinflusst, dass wir uns selbst einen
Fortschritt an Menschlichkeit nur als etwas
durch gewaltsame Unterwerfung des Gegners Erzwungenes vorstellen können. Wir
dürfen die Gewaltstrukturen nicht zu überwinden suchen, indem wir werden wie die
Täter. Aber wir dürfen dem Märchen von
der Alternativlosigkeit des Unerträglichen
auch nicht aufsitzen. Ich bin überzeugt:
Dieses erbarmungslose System ist nicht das
»Ende der Geschichte«. Indem wir unter
der Dominanz dieses neoliberalen Irrsinns
spüren, was wir *nicht* wollen, erkennen wir
in noch größerer Schärfe, *was* wir wollen.
Daraus kann die Kraft zum Handeln er-
wachsen.

»Wir haben Wissen, das keine Handlungs-
konsequenz besitzt und uns hilflos macht.
Wissen ist uns nicht Macht, sondern vertief-

te Ohnmacht«, schreibt Dorothee Sölle in ihrem großartigen Buch »Mystik und Widerstand«. Und weiter: »Wir benutzen unsere Erziehung nicht sinnvoll im Sinne einer Umkehr von dem als falsch erkannten Weg der Industriegesellschaften, sondern zu größerer Hoffnungslosigkeit. Das Widerstehen müssen wir erst lernen.« Sölle erinnert in diesem Zusammenhang an die Befreiung Südafrikas von der Geißel der Apartheid. Diese war auch ein Erfolg der Anti-Apartheid-Bewegung im Ausland, unter anderem durch den gezielten Boykott südafrikanischer Waren.

Heute sehe ich die Arbeit der vielen freiwilligen Flüchtlings-Helferinnen und -Helfer in und außerhalb Deutschlands als Teil und vielleicht als Beginn dieser von mir besungenen und beschworenen Revolution. Nicht reflexartig aufflammender Fremdenhass ist das Überraschende an der derzeitigen Entwicklung – dieser ist eigentlich das sattsam bekannte »Ewig-Gestrige«; es ist die Stärke und Breite der sich spontan entwickelnden fremdenfreundlichen Bewegung, die mich überrascht hat.

Denn diese, oft als Gutmenschen verhöhnten, aufrechten Bürgerinnen und Bürger halten der Politik den Spiegel vor. Sie zeigen, was Politiker eigentlich tun *müssten*, wären sie nicht Gefangene ökonomischer Zwänge, die sie selbst durch ihre »Arbeit« andauernd zu verstärken helfen. Dieses gemeinsame Widerstehen Einzelner – meist nicht vernetzt in festen Organisationen oder Parteien – verleiht die notwendige Stärke, um Ideen durchzusetzen.

Dieser »tätige« Widerstand, der jedem wirklich bewussten Menschen in seinem jeweiligen Lebensbereich zur Pflicht werden müsste, ist ein »Bruch mit der bürgerlichen Halbheit, die unendlich reflektiert, ob die andere Seite nicht auch Recht habe; es ist ein Bruch mit der Gewalt, die so in mir lebt, dass ich mich ihr widerstandslos unterwerfe.« (Sölle) Aktiver Widerstand lässt uns auch jene Kluft in unserer Seele überwinden, die uns oft lähmt, wenn wir erkennen, was man tun *müsste*, aber nicht den Mut haben, es auch zu *tun*. Weil wir doch schon lange ahnen, dass es »kein richtiges Leben im Falschen gibt«, wie Adorno es ausdrückte.

## Herz und Tatkraft

2. November 2015

*Dummheit und Unmenschlichkeit wären ja nur halb so schlimm, wenn sie nicht teilweise auch noch höchst selbstbewusst auftreten würden. Konstantin Wecker bekam im Herbst 2015 verstärkt Zuschriften, die ihm in gönnerhaftem und überlegenem Tonfall bedeuteten, er meine es ja recht gut mit seinen Äußerungen über Flüchtlinge, habe aber die Zusammenhänge nicht begriffen. Naiv und ein Gutmensch sei er ohnehin. Als*

*wäre mit abgebrühten, verkopften und ver-*
*härmten schlechten Menschen eine bessere*
*Welt zu gestalten.*

Seit Wochen werde ich auf meiner Face-book-Seite beleidigt, beschimpft und bedroht, weil ich zu Gastfreundschaft, Herzlichkeit und Menschlichkeit aufrufe. Diese Pöbler möchte ich fragen: Was wollt ihr eigentlich auf meiner Seite? Ist es euer schlechtes Gewissen, das euch zu solchen verbalen Auswüchsen treibt und euren Verstand so verengt?

Wo Hilfe nötig ist, braucht es erst mal keine Ideologie. Da braucht es Herz und Tatkraft. Meine Frau war gerade auf Lesbos. »Soll ich, wenn ich ein Kind, das völlig verstört und verfroren und durchnässt auf einem Schlauchboot ankommt, mit einer traumatisierten Mutter, erst mal fragen, ob es aus wirtschaftlichen Gründen kommt?«, fragte sie. »Nein, ich nehme es in den Arm und versuche die Kleider zu trocknen.«

Und was tun eigentlich einige so, als hätte ich mich nicht schon seit 40 Jahren politisch informiert, mich eingemischt und gesungen? Ein durchaus freundlicher Kommentator schrieb mir, ich sei ja sehr nett, aber ich sähe die politischen Zusammenhänge nicht. Dabei weiß jeder, der mich kennt, wie viel ich über globale Krisen, über Kriege und unser zutiefst ungerechtes Weltwirtschaftssystem nachdenke. Ganz unmittelbar geht es jetzt aber nicht um noch so richtige Analysen, sondern um Hilfe in der Not. Um Wut *und* Zärtlichkeit. Und manchmal ist es eben an der Zeit zu handeln. Aus Liebe. Ohne Warum.

Heute erreichte mich eine Mail von einem Herrn L.: »Was wollen Sie eigentlich mit diesem ewigen Gesülze erreichen? Die linken Moralfaschisten müssen Sie nicht mehr überzeugen. Und die Rechten lachen sowieso nur über Sie oder werden noch wütender ...« Als Replik auf meinen Satz, ich verstünde nicht, weshalb ein Mensch ohne

Papiere jemals illegal sein könne, schrieb er zynisch: »Nie werde ich die Perversion verstehen, warum ein Eigentumserwerb erst legal sein soll, wenn man dafür ein Papier mit einem Stempel besitzt.«

Daran erkennt man das eigentliche Drama unserer Gesellschaft. Viele können schon gar nicht mehr unterscheiden zwischen materiellem Eigentum und Menschen. Das entlarvt die eigentliche Gesinnung solcher Menschen, die unsichtbaren Tropenhelme, unter denen sie bis heute ein kolonialistisches Denken kultivieren. Herr L.: Menschen sind keine Gegenstände, die man verschieben und veräußern, besitzen und versklaven könnte. Und genau deswegen werde ich mit meinem linken Gesülze nicht aufhören: um Menschen wie Sie zur Vernunft zu bringen.

# Lasst uns unsere eigenen Melodien singen

11. November 2015

*Kritik an den Verbrechen der Rechten und der Neoliberalen ist gut und notwendig; aber wenn wir uns ausschließlich darauf konzentrieren, kann es sein, dass wir jeden Mut und jede Lebensfreude verlieren. Dabei müssen wir nicht unpolitisch werden, um wieder mehr Hoffnung zu schöpfen. Wir müssen nur auf die positiven und mitfühlenden Taten vieler aufrechter Menschen schauen, die tagtäglich Flüchtlingen helfen, sich »Fremdes« aneignen und ihr Herz den Not Leidenden öffnen. Auf den »Sieg« dürfen wir uns dabei nicht fixieren, auch wenn wir ihn selbstverständlich zu erarbeiten versuchen. Das weiß der Autor des Satzes »Es geht ums Tun und nicht ums Siegen« sehr gut.*

So wichtig es ist, zu beobachten, was Pegida macht, die AfD, Neonazis und sonstige wildgewordene Kleingeister und Kleinbürger – ich halte es für fast noch wichtiger, jetzt den Fokus auf die zu richten, die großherzig und lebenszugewandt, hilfsbereit und geistreich sind. Sie nämlich sind in der Überzahl.

Zusammen mit vielen großartigen Helfern aus der ganzen Welt waren meine Frau Annik und mein 16-jähriger Sohn Tamino wieder auf Lesbos, um dort Flüchtlinge mit trockener Kleidung, Essen, Trinken, vor allem aber auch mit offenem Herzen und einem lächelnden Gesicht willkommen zu heißen. Diese hilfsbereiten Menschen gibt es in ganz Europa und in großer Zahl. Weit über hunderttausend HelferInnen sind allein in Deutschland allein. Die meisten von ihnen kommen in den Medien nicht vor.

Dagegen kennt jeder hierzulande die Namen hirnrissiger Provokateure wie Bachmann, Höcke, Festerling, Pirinçci und wie sie alle heißen mögen. Wir sehen Bilder ausrastender Rassisten, prügelnder Nazis – nur wo bitte sind die Bilder, die uns Mut machen würden? Liebe RedakteurInnen, warum schickt ihr eure Reporter nicht dorthin, wo wirklich etwas getan, nicht nur gehetzt und geprügelt wird? Solche Berichte könnten den noch Verängstigten und Zweifelnden vielleicht das Herz öffnen, anstatt ihr Hirn zu verschließen.

Als wir im kleinen, privaten Freundeskreis für die Flüchtlinge und Helfer auf Lesbos sammelten, kamen in kurzer Zeit unfassbare 9000 Euro zusammen! Ohne Spendenquittung, ohne einen eingetragenen Verein, einzig auf das Versprechen hin, das Geld dort hinzubringen, wo es wirklich nötig ist. So viel stille Hilfsbereitschaft hätte selbst ich nicht erwartet. Sicher ist auch diese Summe nur ein Tropfen auf den heißen Stein. Aber es gibt viel mehr solcher »Tropfen«, als man es uns glauben lassen will. Daraus könnte einmal ein Regen werden.

Auch wenn dieser Gedanke manchem Medienvertreter fremd vorkommen mag: Es geht in dieser Auseinandersetzung um weitaus mehr als um Auflagen und Einschaltquoten. Wir stehen an der Schwelle zu einer wirklich dunklen Epoche, einem »orbanisierten«, neofaschistischen Europa mit Stacheldraht und Zäunen. Es wäre ein lebloses, jede Kultur erstickendes und für viele Menschen unbewohnbares Europa. Um genau das zu verhindern, müssen wir jetzt zusammenstehen und unser Möglichstes tun.

All jenen, die abseits des Rampenlichts ihrem Herzen folgen und sich auf den manchmal belächelten Weg der Hilfsbereitschaft begeben, sei ein Zitat eines führenden Gegners des Vietnamkrieges ans Herz gelegt. Thomas Merton (1915-1968), Mönch eines Trappistenklosters, schrieb an einen jüngeren pazifistischen Mitstreiter: »Mache dich nicht selbst abhängig von der Hoffnung auf Erfolge. Du musst damit rechnen, dass all dein Bemühen womöglich fruchtlos bleibt oder sich ins Gegenteil auswirkt. Wenn du dich daran gewöhnst, wirst du dich allmählich immer mehr auf den Wert, auf das Richtigsein, auf die Wahrheit deiner jeweiligen Arbeit konzentrieren und immer weniger auf ihre Ergebnisse.«

Widerstand heißt eben auch, in seinem eigenen Inneren den so genannten Werten einer konsum- und gewinnfixierten, den wirtschaftlichen Erfolg wie einen Götzen anbetenden Gesellschaft zu widerstehen. »Erfolg ist kein Name Gottes«, sagte Martin Buber, und wem das zu religiös klingt, dem sei noch einmal Dorothee Sölle ans Herz gelegt: »Denn das letzte Kriterium der Beteiligung an widerständigem, solidarischem Verhalten kann nicht der Erfolg sein, das hieße immer noch nach der Melodie der Herren dieser Welt tanzen.«

Lasst uns unsere eigenen Melodien singen und pfeifen wir auf die Herren dieser Welt.

# Die Unmenschlichkeit dieser Anschläge darf uns nicht unserer Menschlichkeit berauben

16. November 2015

*Kann man das Böse bekämpfen, indem man sich ihm immer ähnlicher macht? Diese »Strategie« hat der von den USA geführte Westen nach dem 11. September 2001 angewandt – und ist kläglich gescheitert. Die furchtbaren Anschläge von Paris vom 13. November 2015 wären eine Gelegenheit gewesen, aus damaligen Fehlern zu lernen. Kaum waren die ersten Nachrichten über die Ereignisse über den Bildschirm geflimmert, bastelten interessierte Kreise jedoch am Mythos eines »europäischen 9/11«. Was das bedeutete, wurde schnell klar: Ausbau der Überwachung, Abbau von Bürgerrechten, Krieg im Nahen Osten, die Verführung der Bevölkerung zu einem Opfer der Freiheit um der Sicherheit willen. Viele ließen sich blenden – nicht aber Konstantin Wecker, wie sein hellsichtiger Kommentar vom 16. November zeigte.*

Mit einem grinsenden Smiley verziert, kommentierte Matthias Matussek, Autor der »Welt«, auf Facebook die Anschläge von Paris: »Ich schätze mal, der Terror von Paris wird auch unsere Debatten über offene Grenzen und eine Viertelmillion unregistrierter junger islamischer Männer im Lande in eine ganz neue frische Richtung bewegen.« Aber ist es nicht so, dass die »unregistrierten jungen Männer« und Frauen genau vor diesem Terror fliehen – vor den Mörderbanden des IS?

Anstatt alle islamischen Männer unter Generalverdacht zu stellen, sollte man einfach einmal nachdenken: Derart gut ausgerüstete Attentäter begeben sich ganz sicher nicht schwer bewaffnet auf eine monatelange Flucht über das Mittelmeer. Sie wurden von gut vernetzten und finanziell bestens ausgestatteten Organisationen mit Waffen bestückt und nach Europa geschickt. So schrecklich es ist, aber nun bekommen auch wir in den befriedeten europäischen Ländern einmal mit, in welcher Angst Millionen von Menschen seit Jahren leben müssen, täglich Terror und Bombenangriffen ausgeliefert. Und – wer weiß? – würde man die Waffen der Terroristen zurückverfolgen, vielleicht stieße man in einigen Fällen wieder auf Waffen aus deutscher Herstellung.

Es ist schäbig, ein solch schreckliches Ereignis, wie es Herr Matussek getan hat, für seine eigene krude Ideologie zu missbrauchen. Doch ich fürchte, das wird Schule machen. Matussek ist natürlich nicht allein damit. Staatstragende Rechtspopulisten wie Bayerns Finanzminister Markus Söder fordern nach den Anschlägen von Paris Konsequenzen für die deutsche Flüchtlingspolitik. »Es kann nicht sein, dass wir nicht wissen, wer nach Deutschland kommt und was diese Menschen hier machen. Diesen Zustand müssen wir mit allen Mitteln beenden.« So kocht eben jeder dieser aufrechten Männer sein Süppchen mit dem Leid der Menschen.

In seinem klugen Kommentar im »Neuen Deutschland« schreibt Tom Strohschneider: »Auf gewisse Weise sind die Hass-Twitterer und die Matusseks dieser Welt die besten Helfershelfer der Terroristen. Beide betreiben ein Geschäft mit der Angst, in dem der Tod von Menschen eingepreist ist, und das dazu dienen soll, einen erreichten Stand gesellschaftlicher Zivilität zu unterminieren, den man zwar für unzureichend halten kann. Der aber verteidigt gehört gegen den Rückfall in barbarische Zustände.«

Lasst uns in unserer berechtigten Wut über diese barbarische, durch nichts zu entschuldigende Tat nicht die Ärmsten der Armen zu Sündenböcken machen. Die Unmenschlichkeit dieser Anschläge darf uns nicht unserer Menschlichkeit berauben.

# Reaktionen auf die Pariser Anschläge: Es klirrt gewaltig

17. November 2015

*Über westliche Kriegshandlungen und Waffenhandel als Ursachen für die Entstehung von Terrororganisationen wie dem IS sprechen mittlerweile zum Glück schon viele; zu wenig werden allerdings oft noch die wirtschaftlichen Ursachen gesehen. Die Kapitalkonzentration entzieht das Geld immer gerade jenen Menschen, Landstrichen und Lebensbereichen, die es am dringendsten bräuchten, und pumpt es dorthin, wo Reichtum im Überfluss vorhanden ist. Die wichtigste Terrorbekämpfungsmaßnahme wäre insofern globale soziale Gerechtigkeit, und auch für die Reduzierung von »Flüchtlingsströmen« wäre sie der Schlüssel, wie Konstantin Wecker hier darlegt.*

In einem Artikel seiner »Lutetia«-Sammlung, 1842 in Paris verfasst, schrieb Heinrich

Heine: »Es ist still wie in einer verschneiten Winterlandschaft. Nur ein leiser monotoner Tropfenfall. Das sind die Zinsen, die fortwährend hinabträufeln in die Kapitalien, welche beständig anschwellen; man hört ordentlich, wie sie wachsen, die Reichtümer der Reichen. Dazwischen das leise Schluchzen der Armut. Manchmal auch klirrt etwas, wie ein Messer, das gewetzt wird.«

Heute, über 150 Jahre später, ist dieser Tropfenfall nicht mehr leise, sondern ein quälendes Fortissimo. Und dazwischen ertönt der laute Aufschrei der Armen. Und es klirrt gewaltig, das Messer, das von den »Verdammten der Erde« gewetzt wird.

Eines jedoch sollte keinesfalls klirren: Es sind die Waffen, mit denen westliche Kriegsherren gern die Symptome des ökonomischen Unrechts zum Verschwinden bringen möchten. Dieser bellizistische Reflex ist die falsche Antwort. Genau das ist es doch, was islamistische Terrororganisationen wollen.

Könnte es nicht sein, dass die Angriffe in Paris ausgeführt wurden, um genau das zu erreichen? Mark Juergensmeyer von der University of California schrieb dazu sehr treffend: »Wenn diese Terroranschläge die Franzosen und andere Westmächte in die weitere militärische Aktion gegen sie antreiben, würde das vollkommen ins Image der ›Westkreuzfahrer‹ passen, die Krieg gegen die ›Kräfte des Islams‹ führen.« Wer also dem IS partout neue Rekruten zuführen will, der möge an die abendländische Tradition der Kreuzzüge anknüpfen und neues Feuer auf die Brandherde des Nahen Ostens regnen lassen.

Zu Recht schreibt Markus Feldenkirchen im *Spiegel*: »Es ist schon paradox, dass ausgerechnet die ängstlichen Islamfeinde in Deutschland den islamistischen Terroristen derart in die Falle tappen – und exakt so reagieren, wie die ruchlosen Menschenfeinde es beabsichtigen. Es gehört zu den Zielen des IS, dass sich Muslime in Europa ausgegrenzt und stigmatisiert fühlen, weil es so wahrscheinlicher wird, sie eines Tages zu rekrutieren. Wollen wir den Dschihadisten ein Schnippchen schlagen, müssen wir die Willkommenskultur gerade jetzt beibehalten und so viel in die Integration dieser Flüchtlinge investieren, damit diese für die Radikalen unerreichbar bleiben.«

Es gibt nur einen Weg, diesem Terror ein Ende zu bereiten, und das führt uns wieder zu Heinrich Heine zurück: soziale Gerechtigkeit und eine Gesellschaft, die gerade jetzt die Humanität nicht verrät. Anstatt sich mit unersättlicher Gier immer weiter zu bereichern, müsste allerdings das eine Prozent der Menschheit, das so viel besitzt wie der Rest der Welt, umdenken und zum Teilen bereit sein.

# Wir müssen uns vorsehen und zusammenstehen

30. November 2015

*Ende November naht jedes Jahr die (wie man in Bayern sagt) »staade Zeit«, in der man mit viel Dekokitsch an das Schicksal der Flüchtlingsfamilie Maria, Josef und Jesus erinnert. Zeitgleich mit dem Eintritt in den Advent überschlugen sich 2015 »Realisten« und Hartdurchgreifer mit Vorschlägen, wie man es Flüchtlingen möglichst schwer machen, sie abschrecken oder die abendländische Kultur gegen sie schützen könnte. Europa drohte immer mehr zu einem »Imperium der Schande« (Jean Ziegler) zu werden, auf das spätere Generationen mit Unverständnis blicken werden. Konstantin Wecker rief dringend dazu auf, gegenzusteuern.*

Die meisten von uns haben ein geheiztes Zimmer, eine Bettstatt, eine warme Decke und zu essen und zu trinken. Wie kann man in diesen kalten Tagen nicht daran denken, wie es den Hunderttausenden von heimatlosen Menschen an unseren Außengrenzen jetzt wohl ergehen mag? Menschen, die durchnässt und zitternd vor Angst auf ein wenig Zuneigung und christliche Nächstenliebe hoffen? Wie kann man ausgerechnet das abfackeln, was ihnen etwas Schutz und ein Dach bieten könnte?

In Hannover tagen gerade die Brandstifter von der AfD: Der Staat müsse das »Asylrecht beschränken« und die »nationale Identität« schützen, heißt es da in einem Beschluss. Er müsse »wehrhaft und kraftvoll dem Entstehen von Parallelgesellschaften entgegentreten«. Gefährliches völkisches Gebrabbel von Menschen, die sich vermutlich Christen nennen und an Weihnachten, von sich selbst entzückt, fromme Lieder singen.

Liebe Freunde, wir müssen uns vorsehen und zusammenstehen, denn sonst wird man eines Tages, dessen bin ich mir sicher, mit Entsetzen auf unsere Epoche als auf eine barbarische Zeit zurückblicken. Eine Zeit, in der ein so genanntes zivilisiertes und vermögendes Europa Millionen Hungernden und Frierenden, Gestrandeten, Geflüchteten, Gejagten und Versehrten, Verfolgten und Missbrauchten – darunter unzählige Kinder – die Tore verschlossen hat. Man hat sie in Käfige gesperrt und sich hinter Stacheldraht verbarrikadiert, anstatt sie zu wärmen, zu betten, sie mit Geschenken und offenen Armen zu empfangen.

Spätere Geschichtsschreiber werden berichten, dass es auch viele BürgerInnen gab, die sich helfend und mit viel Mitgefühl der Unmenschlichkeit widersetzen wollten. »Der Markt« und seine ihm hörigen Politiker jedoch hätten nichts anderes im Sinn gehabt, als Gewalt mit Gewalt zu beantworten, neuen Terror zu züchten und sich am Elend der Ärmsten zu bereichern. Man wird mit Schaudern erkennen, dass alle kulturellen Werte und

Errungenschaften dieses Europa aus nackter Gier in den Wind geschossen wurden.

## Besiegen wir den Hass mit Zärtlichkeit und Vernunft

4. Dezember 2015

*Wenn schlimme Morde passieren, haben es alle eilig, sich auf das Niveau der Täter herab zu begeben und selbst zu töten. Die Führer des christlichen Abendlands haben sich komplett dem »Wert« der Rache verschrieben. Sie bereiten damit den Boden für neuen Hass, neuen Terror, für einen deutschen 13. Oktober. Ein solcher Teufelskreis von Härte, Grausamkeit und Dummheit lässt in den Chefetagen der Rüstungsindustrie die Sektkorken knallen. Konstantin Wecker wünscht sich zwei offenbar unzeitgemäße Werte zurück: Zärtlichkeit und Vernunft.*

Nun will Deutschland in den Krieg ziehen. Mit Aufklärungsjets, Luftbetankung und einer Fregatte wird die Bundeswehr in die internationale Koalition gegen den IS einsteigen. Man muss kein Pazifist sein, um das schlicht als gefährlichen Irrweg zu erkennen. Verstand, der sich von Mitgefühl und Menschlichkeit getrennt hat, führt in den Wahnsinn. Das ist am derzeitigen Zustand unserer Erde abzulesen.

Lassen Sie mich Bertha von Suttner zitieren, die große österreichische Pazifistin an der Schwelle zum Ersten Weltkrieg: »Rache und immer wieder Rache! Keinem vernünftigen Menschen wird es einfallen, Tintenflecken mit Tinte, Ölflecken mit Öl wegwaschen zu wollen. Nur Blut, das soll immer wieder mit Blut ausgewaschen werden.«

Die größten Feinde des IS sind Zärtlichkeit und Großherzigkeit. Mit Bomben können die Herren Krieger umgehen, das sind sie gewöhnt, das ist ihre Sprache. Aber unsere mittlerweile viel geschmähte »Willkommenskultur« ist ihnen suspekt. Wenn sich Christen, Juden und Moslems vertragen und miteinander respektvoll umgehen, fällt es Terroristen schwer, verzweifelte, verängstigte und hassende junge Männer zu rekrutieren. Einmal muss der wahnwitzige Kreislauf der andauernden gewalttätigen Vergeltung durchbrochen werden. Mit dem Frieden muss man beginnen, auch wenn man das Ende der Kriege kaum noch selbst erleben wird.

Machen wir uns nichts vor – im Endeffekt geht es bei Kriegen um's Geschäft. Der Bau neuer Brunnen und der Schutz afghanischer Frauen gehören bestenfalls zum Kollateralnutzen. Ihm stehen Tausende getötete Zivilisten gegenüber. Wäre der westlichen Kriegsallianz an den Menschenrechten gelegen, so müsste sie nahezu überall auf der Welt einmarschieren, einschließlich Saudi-Arabiens, der Türkei und der USA selbst.

Aber man entrüstet sich höchst selektiv. Krieg ist nun mal das beste Mittel, um die endgültige Katastrophe des kapitalistischen Wirtschaftssystems immer wieder hinauszuschieben.

Hier ist es Zeit für alle noch nicht vollends Herzamputierten, den Kriegsprofiteuren ein klares »Nicht mit uns!« entgegenzurufen. Wir wollen das Ende eines gescheiterten welthistorischen Experiments nicht mehr auf Kosten von Millionen von hingeschlachteten Menschen hinausschieben. Besiegen wir den Hass mit Zärtlichkeit und Vernunft. Wenn wir es mit Bomben und Gewehren versuchen, wird nur einer am Ende wieder der Sieger sein: der Hass.

# Sexuelle Gewalt ist fester Bestandteil des Patriarchats

11. Januar 2016

*Nach der Silvesternacht von Köln, in der Gruppen von »nordafrikanisch« aussehenden jungen Männern Frauen sexuell belästigten und beraubten, entfaltete sich eine mittlerweile schon vorhersehbare Dynamik. Ein Medienhype wurde inszeniert, bei dem sich die Sensationslust vieler Medien mit dem Bedürfnis staatlicher Stellen nach immer weiter gehender »Verschärfung« vereinte. Dies leistete, gewollt oder ungewollt, auch den Rechten Vorschub. Hämische »Wir haben's ja gewusst«-Kommentare konnten kaum die Freude über derart wohlfeile Munition im Kampf gegen alles Fremde verbergen. Wer zur Mäßigung mahnte und auf andere, medial weit weniger beachtete Formen von Gewalt gegen Frauen hinwies, wurde als Silvesternacht-Relativierer diffamiert. Schockierend war aber, wie sich auch*

*der »Focus« an die rassistischen Ängste ei-*
*niger seiner Leser anschmiegte. Konstantin*
*Wecker rief zum Boykott auf.*

Die Polit-Illustrierte *Focus* hat ein Ti-
telbild veröffentlicht, das einem den Atem
raubt. Man denkt dabei sofort an eine Wer-
bebroschüre des Ku-Klux-Klan und kann es
nicht fassen, dass so etwas im aufgeklärten
Deutschland möglich ist. Die abfärbenden
Hände eines Schwarzen betatschen eine
blonde, weißhäutige, unbekleidete Frau.
Die Botschaft für alle offiziellen und laten-
ten Rassisten soll wohl heißen: Notgeiler
Schwarzer oder Araber vergreift sich an
schöner, blonder, deutscher Frau.

Zu Recht hat die Grünen-Vorsitzende Si-
mone Peter beim Deutschen Presserat eine
Beschwerde eingereicht. »Kann man nicht
über sexualisierte Gewalt an Frauen berichten, ohne dabei auf frauenverachtende Weise altbekannte Vorurteile zu bedienen und
durch rassistische Bilder Rechtspopulismus

und rechte Hetze zu verstärken?«, schreibt sie auf Facebook.

Genau das ist der springende Punkt derzeit. Als Münchner bekommt man Jahr für Jahr zum Oktoberfest schlimme Sexualdelikte in jeweils nur kurzen Zeitungsnotizen serviert. Zwei Vergewaltigungen und jede Menge sexueller Übergriffe trotz über 2000 Polizeieinsätzen – das war die Bilanz 2015. Da gab es keine große Aufregung in den Medien, kein Ruf nach Gesetzesverschärfungen erhob sich seitens eines unserer Spitzenpolitiker. Man hatte wohl Angst, ein derartiger Imageschaden könne das Millionengeschäft mit dem Bier verderben.

Ob es zu Hause geschieht, auf dem Oktoberfest, auf Schützenfesten oder Partys – die Frauenhäuser jedenfalls sind voll von gedemütigten und misshandelten Frauen. Wohlgemerkt überwiegend durch einheimische Täter. War das jemals ein Thema? Geradezu unerträglich ist es, sich anhören zu müssen, wie Rassisten plötzlich zu Frauen-rechtlern mutieren. Der Überraschungsfe-minist George W. Bush hatte das damals bei Kriegseintritt in Afghanistan vorgemacht.

Die BILD-Berichterstatterin Alice Schwar-zer nennt die Vorfälle »das Produkt einer falschen Toleranz«. Warum geht sie, als be-kannte Feministin, nicht auf die wirklichen Ursachen sexistischer Übergriffe ein? Ich halte diese Aussage, gerade Toleranz sei das Schädliche, für höchst gefährlich. Sie steht in der Tradition eines beispiellosen Feldzugs gegen die Grundwerte: Willkommenskul-tur, Mitgefühl, Verständnis, gar die Güte oder das Gute selbst werden kaum mehr anders als herabsetzend und ironisierend gebraucht. Auch Toleranz gehört in diese Reihe. Das Wort soll durch fortdauernden Propagandabeschuss zum Unwort umge-deutet werden.

Sexuelle Gewalt ist keine Frage der Reli-gion, der Hautfarbe, der Gene – sie ist fester

Bestandteil des Patriarchats. Aber dies zu kritisieren kommt in unserem System einer Gotteslästerung gleich.

Lasst mich eine junge Kollegin zitieren, die Liedermacherin Sarah Lesch. Sie schreibt am Ende eines sehr persönlichen und berührenden Beitrags auf Facebook:

»Was machen wir nun mit den ganzen Sexisten in unserem Land und mit den frauenfeindlichen Gewalttätern und Täterinnen? Was mit den männerfeindlichen?
Lehrer, Pfarrer, Vorstände, Väter, Mütter, Pädagogen und Pädagoginnen?
Politiker und Politikerinnen?
Diskothekenbetreiber und Motorradclubs?
Kann man die auch ›abschieben‹ bitte?
Was machen wir mit frauenverachtenden Studentenverbindungen und sexistischen Professoren,

Glaubensgemeinschaften, Arbeitgebern oder Stammtischgesellschaften? (...)
Ihr wollt anfangen, ›unser Land‹ aufzuräumen?
Na dann los! Es gibt viel zu tun!
Fangt mal bei euch selbst an!«

*Die beiden folgenden Texte verlas Konstantin Wecker wirkungsvoll bei seinen Konzerten der »Ohne Warum«-Tournee. In der Form zwischen Essay und Prosagedicht angelegt, fassen sie sein Anliegen schlüssig zusammen, weshalb wir sie hier ans Ende der »Einwürfe« stellen.*

## Ja, ich bin ein »Gutmensch«

20. November 2015

Heute morgen, nach der ZDF Sendung »Volle Kanne«, bin ich, wie zu erwarten, we-

gen meiner Einstellung zur Willkommenskultur im Netz und per Mail wieder einmal
heftig und derb beschimpft worden. Ich nehme den Fehdehandschuh nun doch einmal
auf. Nicht hasserfüllt. Einfach um es noch
einmal klarzustellen.

Liebe HasskommentatorInnen, Beleidi-
gerInnen, BeschimpferInnen – ich mache
mir eure Beleidigungen gern zu eigen. Jede
einzelne sei hier in Gänsefüßchen angeführt:

Ja,
ich bin ein »Gutmensch«.
Gefällt euch Schlechtmensch besser?
Warum habt ihr nur so viel Widerwillen
gegen den Versuch, Güte und Mitgefühl
in politisches Engagement einzubringen?
Und ja,
ich bin ein »linksgrünversiffter
Altachtundsechziger«,
und ich kämpfe weiterhin für eine
gewaltfreie Revolution des Bewusstseins.

Und ja,
ich bezeichne alle Fremdenhasser
und Rassisten, die sich der Parolen
und Wahnvorstellungen der
Nationalsozialisten bedienen, als
»Nazis«, auch wenn die Betreffenden es
immer wieder von sich weisen. (Warum
eigentlich? Ist es euch doch peinlich?)
Ja, ich bin »weltfremd«,
denn eure Welt ist mir fremd und
ich bin froh darüber.
Wer »zu viel Mitgefühl hat, hat keinen
Verstand«?
Ich verzichte nur allzu gern auf euren
vom Menschsein getrennten Verstand.
Verstand ohne Mitgefühl führt zum
Wahnsinn.
Man kann das ganz gut am derzeitigen
Zustand unserer Erde beobachten.
Und ja,
ich bin auch ein »Vaterlandsverräter«
– denn »ein ganzes Land als Vater war
schon immer eine Lüge ...«
Mit dem Wort Vaterland kann ich nun

mal nichts anfangen, und Nationalismus
ist eine üble Seuche, die wir spätestens
seit 1945 hätten überwinden müssen.
Und ja,
ich bin »naiv«,
denn wie kann man euer Weltbild
ertragen, ohne naiv zu sein?
Und einzig diese Naivität erlaubt mir
auch, mit eurer verängstigten Seele
mitzuempfinden.
Und:
Ihr selbsternannten Realisten habt keine
Ahnung von der Wirklichkeit.
Eure angsterfüllte, so genannte Realität
gleicht einer Arachnophobie. Ihr wisst
doch: Die kleinste Spinne füllt für
jemanden mit übersteigerter Angst vor
Spinnen den Raum im eigenen Hirn,
als wäre sie eine lebensgefährliche
Bedrohung.
Er nimmt nichts anderes mehr wahr als
die Panik, die ihm sein Hirn vorgaukelt.
So nimmt euch die Angst vor den
Flüchtlingen, vor dem Fremden, vor dem

Anderen, Neuen und Unberechenbaren
gefangen.
Und das nennt ihr dann Realität.
Da hilft kein Söder, keine AfD, und auch
ein Bachmann nicht –
da hilft nur noch ein Psychiater.
Solange ich bei Kräften bin, werde ich
mich gegen euer Weltbild zur Wehr
setzen.
Als Pazifist.
Als Humanist.
Als Antifaschist.
Als radikaler Demokrat.
Als Mensch.
Und nun wende ich mich wieder mit
großer Freude meinen Freundinnen und
Freunden, den Gutmenschen zu.
Denn jede noch so kleine helfende Geste
dieser Menschen ist wichtiger als euer
Gebell im Wald eurer Phobien.

# Denkt mit dem Herzen

## 5. Oktober 2015

Liebe Freunde, eigentlich wollte ich einen wütenden Text über Markus Söder schreiben, der zusammen mit der CSU Bayern orbanisieren will und an Zäune denkt. Aber dann erinnerte ich mich an meine Gespräche mit Petra Kelly. »Mit dem Herzen denken«, sagte sie immer – und ich lasse mich nun doch lieber von Frau Kelly als von Herrn Söder inspirieren ...

Und wenn sie euch sagen
das Boot ist voll
wir können keine Flüchtlinge mehr
ins Land lassen
dann antwortet ihnen:
denkt mit dem Herzen.
Über zwölf Millionen deutsche
Flüchtlinge und Vertriebene
sowie fast zwölf Millionen ehemalige
Zwangsarbeiter

und ausländische KZ-Insassen
mussten nach dem Ende des Krieges
eine neue Heimat finden
Die Integration der Vertriebenen in das
massiv zerstörte
und verkleinerte Nachkriegsdeutschland
schien zunächst kaum lösbar.
Und wenn sie euch sagen
viele von denen haben doch sogar
eigenes Geld
dann:
denkt mit dem Herzen
denn wenn ihr fliehen müsstet und alles
verlassen
was euch lieb ist und teuer
dann würdet ihr doch auch versuchen
alles was ihr besitzt und je besessen habt
zu verkaufen
um Geld mitzunehmen
auf diese ungewisse
schier ausweglose Reise.
Und wenn sie euch sagen
da kommen ja fast nur junge Männer an
und kaum Frauen mit Kindern

dann:
denkt mit dem Herzen.
Würdet ihr nicht auch versuchen
im äußersten Elend
die kräftigsten eurer Familie auf die
Reise zu schicken
damit sie euch vielleicht sogar eines
Tages nachholen können?
Und wenn sie euch sagen
die prügeln sich doch in ihren
Unterkünften:
denkt mit dem Herzen.
Wie lange würdet ihr es wohl aushalten
eingepfercht zu sein
oft ohne Strom und Wasser
und bei schlechter Ernährung
ohne nicht einmal aggressiv zu werden
ohne durchzudrehen?
Und wenn sie euch sagen
was haben wir mit denen zu tun
die glauben doch an einen anderen Gott
die sind von einer fremden Kultur
dann:
benützt euren Verstand:

Kulturelle Reinheit ist eine Illusion.
Und die führte bei uns zu der
schrecklichsten Diktatur
der Menschheitsgeschichte.
Menschen sind wichtiger als Kulturen
sagt das all jenen
die sich so gerne mit Fakten schützen
deren Herkunft viel unsicherer ist
als das eigene Mitgefühl
sagt es ihnen
nicht hasserfüllt
doch bestimmt.
Erinnert sie an ihre eigenen Kinder
versucht ihnen zu vermitteln
wie es sich anfühlen würde
wäre man selbst an der Stelle dieser
Ärmsten.
Wer anderen die Herberge verwehrt
verdient es
sein Heim zu verlieren.
Denken wir mit dem Herzen.
Besiegen wir den Hass
durch Zärtlichkeit.

# Tamino Wecker:
# Das Elend auf Lesbos und die Schande Europas

*»Tamino Wecker ist ein deutscher Schauspieler«, erklärt Wikipedia knapp. Der heute 16-jährige Sohn von Konstantin und Annik Wecker stand schon seit 2005 vor der Kamera, u.a. in einem Film über Mozart, dem er seinen außergewöhnlichen Vornamen verdankt. Seine Feuerprobe durchlief Tamino jedoch Ende 2015, als er freiwillig seine Herbstferien opferte und mit seiner Mutter nach Lesbos fuhr, um dort ankommenden Bootsflüchtlingen zu helfen: den Ärmsten und Wehrlosesten in einem ohnehin armen und geschundenen Land. Seine erschütternden Erlebnisse verarbeitete er in diesem Bericht.*

Geschrei. Das kleine Schlauchboot ist angekommen. Panisch hüpfen die Menschen heraus. Erleichtert, dass sie die 15 Kilometer weite Odyssee vom türkischen Festland zur Ostküste der Insel Lesbos überstanden haben, helfen sie ihren Familien und Freunden aus dem Boot. Unsere Aufgabe ist es, den Kindern, den Alten und den Behinderten zu helfen.

»Excuse me? Do you have clothing for my baby?«, fragt mich eine Frau mit ihrem gerade mal ein- bis zweijährigen Kind auf dem Arm. Das Kind zittert am ganzen Leib. Ich beschreibe ihr den Weg zur Kleidungsausgabe.

Ein Mann bittet mich, seinem Freund aus dem Boot zu helfen. Mit seinen Händen versucht er mir mitzuteilen, dass sein Freund blind ist. Ich helfe dem Blinden aus dem Boot und vergewissere mich, dass es ihnen gut geht. Eine junge Frau rennt weinend umher. Sie sucht ihr Kind, das sie im Gedränge verloren hat. Nach wenigen Minuten finde ich es – weinend. Nachdem ich es ihr zurück gebracht habe, sehe ich Erleichterung in ihren Augen. Mit ihren eingeschränkten Englischkenntnissen bedankt sie sich bei mir von Herzen.

Viele Geschichten wie diese spielen sich auf der griechischen Insel Lesbos und auf dem weiteren Leidensweg der Flüchtlinge durch Europa ab. Nicht alle diese Geschichten enden mit einem Happy End. Allein in den fünf Tagen, die ich dort verbracht habe, sind vier Menschen gestorben, darunter ein Kind. Es ist eine Insel voller Elend, und nur wenige fleißige freiwillige Helfer aus ganz Europa sind hier, um den Menschen zu helfen. Diese werden von der griechischen Bevölkerung tatkräftig unterstützt, denn in Griechenland und insbesondere auf Lesbos mit seinen 87.000 Einwohnern erlebt man eine weltoffene Gesellschaft. Vielleicht liegt es auch daran, dass mehr als 30.000 Flüchtlinge aktuell vor Ort sind. Und dass Angst meistens die Angst vor dem Unbekannten ist, kann man ja auch daran erkennen, dass in Dresden, der Stadt, wo sich laut Studien mehr als 60 % als »Asylkritiker« bezeichnen, gerade mal 4,9 % der Bürger Ausländer sind. Jedenfalls habe ich noch nichts von einer griechischen Pegida gehört, und wenn es doch so etwas gibt, dann stößt sie jedenfalls auf wenig Verständnis seitens der griechischen Bevölkerung.

An dem kleinen Strand nahe dem Fischerdorf Molivos kommen täglich bis zu zwanzig vollgestopfte Boote an, welche empfangen werden müssen. Unser kleines Auffanglager ist sehr provisorisch gestaltet. Eine Küche, in der Suppe und Tee gekocht werden, ein Container, wo die Ärzte den Kranken und Verwundeten helfen, eine Kleiderausgabe, wo man etwas Trockenes zum Anziehen bekommt, und ein sehr kleines Camp zum Schlafen. Dieses Camp dient dazu, den Menschen Schutz für gerade mal eine Nacht zu bieten, dann müssen sie auch schon weiter zum Registrierungscamp. Es gibt Busse, welche sie dorthin bringen – doch wir mussten an die gesunden Männer und Frauen appellieren, zu Fuß zu gehen, damit noch Platz für die Hilfsbedürftigen bleibt.

In derselben Nacht, in der wieder mal ein Boot gesunken ist und zwei Menschen starben, haben ein junger Schweizer, eine Münchnerin und ich einen schwer erkrankten Achtzehnjährigen ins Krankenhaus gebracht. Er war so erschöpft, dass er es nicht einmal schaffte, sein Alter zu nennen. Er schrieb es dann mit letzter Kraft an die beschlagene Scheibe des Autos. Danach haben wir eine syrische Familie auf einer Landstraße gefunden, welche wir in das nächste Camp brachten.

Dieses war ein unbekanntes Camp, niemand von uns hatte auch nur davon gehört. Wir fanden heraus, dass es hier keine Helfer gab. Die Flüchtlinge waren in diesem riesigen Camp sich selbst überlassen. Nur wenige bekamen einen Platz in den vielen Zelten. Obwohl ich Atheist bin, kann ich diesen

Ort nur als einen von Gott verlassenen Ort beschreiben. Die Fliehenden hier sind ausgelaugt, haben keine Kraft, kein Geld, keine Heimat. Es berührt einen. Manchmal fließen auch bei mir, einem verwöhnten Jugendlichen aus Deutschland, die Tränen, wenn ich dieses Elend zu sehen bekomme. Dieses Elend, das so einfach verhindert werden könnte, wenn die Menschlichkeit einen höheren Stellenwert hätte als der Profit.

Diese eigentlich so malerische Insel Lesbos, ein beliebter Urlaubsort für Deutsche, ist aktuell ein Ort voller Leid. Es ist unbegreiflich, dass es hier in Deutschland Menschen gibt, die einfach wegschauen oder womöglich noch dagegen auf die Straße gehen, dass diesen Menschen geholfen wird. Ich rate jedem »besorgten Bürger« oder »Asylkritiker«, umgehend hierher zu kommen und sich ein Bild davon zu machen, wie es heute in Griechenland und auf dem Balkan aussieht. Wenn sie auch nur einen Funken Anstand im Leib haben, dann bezweifle ich, dass sie sich dann noch montags an den abendlichen Hetzveranstaltungen beteiligen würden.

Natürlich ist unstrittig, dass die große Zahl von Menschen, die aus ihrer Heimat vertrieben werden und in Europa und Deutschland Schutz suchen, erst mal eine enorme finanzielle und logistische Herausforderung darstellt. Aber die Wirtschaftskraft Deutschlands reicht leicht aus, um diese Herausforderungen zu bestehen, ohne dass bei den Armen gekürzt werden müsste. Es ist nicht die Frage, ob »Deutschland das schaffen kann«, sondern ob die Regierenden dies wollen. Und sind nicht gerade die Länder, die mit ihrer Wirtschaftspolitik, ihren Waffenlieferungen und Versuchen des »regime change« zu diesem Elend in den Fluchtländern beitragen, geradezu verpflichtet, die Flüchtlinge würdig aufzunehmen? Doch die Europäische Union, die ihre »europäischen Werte der Humanität und Solidarität« in Feiertagsreden vor sich herträgt, zieht die

Festungsmauern hoch, sperrt die Menschen aus und macht das Mittelmeer zu einem Massengrab.

Es geht nicht nur um eine wirtschaftliche oder politische Angelegenheit, sondern es geht vor allem um Menschlichkeit; um Empathie und den gesunden Menschenverstand, der nötig ist, um den Ärmsten der Armen zu helfen. Das sind die universellen Werte, die es zu verteidigen gilt – ob als Christen, Moslems oder Atheisten.

# Nachwort von
# Roland Rottenfußer

Manchmal überrascht mich Konstantin Wecker noch immer, obwohl ich seinen künstlerischen Weg seit über 30 Jahren begleite – in den letzten Jahren auch »nah dran«, als Freund und Angestellter. Es war Sommer 2014, als sich im Mitarbeiterkreis das Gerücht verbreitete, Konstantin habe ein neues Lied geschrieben: »Ich habe einen Traum«. Meine Erwartungen waren hoch gesteckt, denn der Titel, angelehnt an die berühmte »I have a dream«-Rede Martin Luther Kings, versprach den großen Wurf. Als ich den Text dann erstmals las, wunderte ich mich ein wenig: nichts von den großen Utopien einer Welt ohne Krieg und Ausbeutung, kein »Imagine«. Das Lied hatte nur ein Thema: Flüchtlinge. Von denen hörte man zum damaligen Zeitpunkt nur dann etwas, wenn wieder einmal Dutzende an Europas

Grenzen, im Mittelmeer, ertrunken waren. Der Aufschrei war dann jeweils groß, jedoch kurzatmig. Das Schicksal dieser Menschen, eine Schande für das reiche Europa, blieb ein »B-Thema«, gemessen an den damals ganz großen Medienhypes: der Ukraine- und Griechenlandkrise, der gewonnenen Fußball-WM und dem Grand Prix-Sieg von Conchita Wurst. Die verzweifelten Boat People, die vor Lampedusa strandeten, waren dagegen vielen Wurst.

Konstantin Wecker hatte das Thema »gerochen«, nicht weil er präventiv auf mögliche Trendthemen aufspringen wollte, sondern weil Künstler vielleicht noch ein Stück sensibler sind als »wir Normalen«. Und weil sich Wecker früh berühren ließ von Schicksalen, die sich für die meisten nur ganz am Rand ihres Sichtfelds abspielten. Konstantin begann, kleine Einträge darüber in sein Webtagebuch, die »Notizen«, zu verfassen. Überhaupt ist mir kein Künstler bekannt, der das Genre des tagesaktuellen Kurzessays so zur Blüte gebracht hat wie er. Als hätte Konstantin mit seinen Jobs als Liedermacher, Komponist, Buchautor und Schauspieler nicht schon genug zu tun, vergeht manchmal kein Tag ohne eine Wecker-Notiz. Sein Geist kommt offenbar selten zur Ruhe, und doch scheinen seine Gedanken stets einer ruhenden Mitte zu entspringen, die auch angesichts der biografischen und politischen Stürme, die ihn umtosen, beständig bleibt.

Neben flüchtig zu Papier Gebrachtem, was stark der Augenblicksstimmung geschuldet ist, finden sich in seinen Notizen auch wahre Juwelen: zeitlose Gedanken über Menschlichkeit und Solidarität in einer kälter werdenden Welt. Und abermals überraschte mich Konstantin Wecker – obwohl ich es eigentlich hätte wissen müssen – durch die unbedingte Konsequenz, mit der er in der 2015 dann virulenten »Flüchtlingskrise« Partei für offene Grenzen und ungeteilte Solidarität ergriff. Wo viele, beeindruckt von der »kippenden« Volksstimmung, einknickten und ein lauwarmes »Ja, aber ...« formulierten, hielt Konstantin Wecker stand. Auf diesem Fels konnte man den Widerstand gegen den sich auf den Straßen, in den Medien und im Netz formierten neuen Abendland-Chauvinismus bauen.

Wecker wetterte wie selten in seinem Leben gegen Fremdenfeindlichkeit, Rassismus und die Erosion der Mitmenschlichkeit angesichts täglich neuer Rekordzahlen über herein »flutende« Geflüchtete. Aber er würdigte auch die Lichtblicke, die Willkommenskultur, die sich für viele überraschend auf den Bahnhöfen des Landes formierte. Er beschwor leidenschaftlich das »Other Germany«, das er bei einem Konzert für den Komponisten Mikis Theodorakis fast entschuldigend dem griechischen Publikum vor Augen gehalten hatte. Ein Deutschland, das aus schmerzlicher, schuldhafter Geschichte eines gelernt hatte: Man darf nie wieder erlauben, dass pauschale Verachtung gegen eine ethnische oder religiöse Gruppe in einem Land Raum greift.

Zum dritten Mal erstaunte es mich dann, mit welcher Klarheit Konstantin Wecker nicht politische Analyse und Ratio, sondern ganz das Herz in den Mittelpunkt der Auseinandersetzung stellt. »Tu doch, was dein Herz dir sagte«, dieser wunderschöne Song aus dem ungefähr zeitgleich entstandenen Musical »Oliver Twist« (Text: Christian Berg) schien als Motto auch für des Liedermachers Einmischung in die harte Tagespolitik zu taugen. Anlass war eine massive Propagandaoffensive von »Vernünftigen« gegen ein vermeintliches Übermaß an Mitgefühl auf dem Höhepunkt der Flüchtlingsdebatte. »Herz ohne Vernunft ist gefährlich« tönte es da in Varianten auf Facebook oder in Talkshows. Rhetorisch war das ungefähr so geschickt und so perfide wie der berüchtigte in Think Tanks ersonnene Satz »Sozial ist, was Arbeit schafft«. Es war den Gegnern der Willkommenskultur wohl klar, dass es nicht gerade menschlich ist, Notleidenden Hilfe zu verweigern. Jedoch hieß es nun, das Unmenschliche könne mitunter auch vernünftig sein und manchmal erfordere es der Verstand eben, sein Herz zu verschließen.

Wirklich? Wie vernünftig ist es denn, den Zündfunken klügelnder Gedanken in eine aufgeheizte Stimmung zu werfen, die leicht in Gewalt gegen Flüchtlinge umschlagen kann? Genau das ist ja geschehen – etwa in Wurzen, wo deutschstämmige Schüler im Dezember Flüchtlingsmädchen verletzt und als »Kanaken« beschimpft haben. Wie vernünftig ist es, zu fordern, dass Flüchtlinge draußen bleiben sollen, ohne die Konsequenzen solcher Entscheidungen für die Betroffenen zu Ende zu denken? Wie vernünftig ist es, eine gewaltige humanitäre Katastrophe für eine Menschengruppe (Flüchtlinge) in Kauf zu nehmen, um vergleichsweise geringe Probleme für eine andere Gruppe (Deutsche) zu verhindern? Wie vernünftig ist es, über »besetzte Turnhallen«

und überforderte Gemeindekassen zu klagen, aber mit keinem Wort (wie es Herbert Grönemeyer getan hat) die Solidarität der auf Kosten der Arbeitenden reich gewordenen Übervermögenden einzufordern? Über Armut zu klagen, ohne über Reichtum zu sprechen, ist dumm. Die Armut von Deutschen gegen die Armut von Zuwanderern auszuspielen, während Reiche als lachende Dritte daneben stehen, ist in einer aufgeheizten Stimmung verantwortungslos. Und genau an dem Punkt scheiden sich die Geister zwischen »Rechts« und »Links«.

Holdger Platta, Mitredakteur des von Konstantin Wecker und mir gestalteten Webmagazins »Hinter den Schlagzeilen«, versuchte immer wieder, Hartz IV-Betroffene, die zu PEGIDA abzudriften drohten, zurückzuholen. Sein diesbezüglicher Briefwechsel ist voll ausgezeichneter Argumente gegen vermeintlich vernünftige Unmenschlichkeit. »Wir geben also die Solidarität der Opfer auf, wenn wir uns als Opfergruppe nun gegen andere Opfergruppen wenden - egal, ob sie aus dem Sahel, aus Syrien, aus Nigeria oder sonst woher zu uns kommen (aus Elendsgründen, die unsere Kapitalisten dort hervorgerufen haben). Und wir schonen dabei die Verursacher dieses weltweiten Massenelends bei uns, die Herrschaftseliten in ›unseren‹ Ländern. PEGIDA ist Katzbuckelei gegenüber den wirklichen Tätern, die an unserem Elend schuld sind, und macht Menschen, die wie wir nur Opfer (zumeist noch viel schlimmere Opfer) sind, zu Prügelknaben.«

Welches Abendland ist es eigentlich, das derzeit verteidigt werden soll? So mancher brave Bürger fordert montags in der Kneipe mehr Härte gegen Flüchtlinge und verrät damit jenes schöne Gleichnis vom barmherzigen Samariter, das er sonntags in der Kirche mit einem routinierten »Amen« abgenickt hatte. Warum eigentlich ist vielen die Situation des Fremdseins so fremd, dass sie jedes Einfühlungsvermögen in Migrantenschicksale verweigern? Geschätzte 500.000 Deutsche emigrierten zwischen 1933 und 1945 aus ihrer Heimat ins Ausland. Die wenigsten von ihnen waren Prominente wie Thomas und Heinrich Mann oder Marlene Dietrich. Juden, Verfolgte oder auch einfach von dem in Deutschland damals herrschenden Geist Angeekelte suchten den Weg in die USA und anderswohin.

Noch präsenter ist vielen die Flucht der Deutschen aus den Ostgebieten, die eine Folge der Kriegspolitik Hitlers war. Man darf sich die Reaktionen der Menschen in den Gastgeberregionen damals nicht zu freundlich vorstellen. Vielfach herrschte Angst vor der »Flut« der Ostdeutschen. So mancher Schlesier oder Ostpreuße wurde als »Polack« beschimpft. Selbst wo Deutsche bei Deutschen Zuflucht suchten und keinerlei andere »Zumutungen« (ungewohnte Sprache und Hautfarbe) im Spiel waren, gab es diese angstgesteuerte Abstoßungsreaktion. Sollten uns diese historischen Erfahrungen

– viele von uns sind Kinder und Enkel von »Vertriebenen« – die heutigen Geflüchteten nicht nahe bringen?

Die vorliegenden Texte Konstantin Weckers bieten auch einen ganz persönlichen Jahresrückblick 2015 mit dem Schwerpunkt »Flüchtlinge«. Viele der Gedanken darin sind geeignet, auch über die Tagespolitik hinaus zu ermutigen und zu inspirieren. Zum Zeitpunkt der Fertigstellung dieses Buches hat sich die politische Lage in Deutschland leider weiter verfinstert. Es sieht so aus, als würden sich die Merkel-Kritiker, allen voran Horst Seehofer, durchsetzen mit ihrer Forderung, die Grenzen dicht zu machen. Während sich viele europäische Nachbarländer weigerten, den rechtspopulistischen Kräften dort Paroli zu bieten und mehr Flüchtlinge aufzunehmen, versuchte die parlamentarische Rechte in Deutschland, Kanzlerin Merkel sturmreif zu schießen und sie mit ihrer noch humanen Haltung in der Flüchtlingsfrage zu isolieren. Auch die ewige Einknickerin, die SPD, bekehrte sich teilweise zu CSU-Positionen. Verhängnisvoll wirkte sich auch aus, dass die Bekämpfung von Fluchtursachen zwar eilfertig beschworen, jedoch nicht ernstlich in Angriff genommen wurde. Dies würde zuerst ja bedeuten, unser zutiefst ungerechtes, in vielen Fällen schon tödliches Weltwirtschaftssystem in Frage zu stellen.

Wir werden im Rückblick die Zeit der Willkommenskultur und der »weichen« Politik Merkels im Jahr 2015 wohl als eine Art goldenes Zeitalter betrachten. Jede realistische Machtalternative zur Kanzlerin lässt Schlimmeres befürchten. Stattdessen sehen wir eine Österreichisierung der politischen Landschaft entgegen. Keine Polit-Talkshow, in der sich nicht künftig ein Rechtsausleger tummeln wird. Kein Wahlkampf, in dem nicht »das Ausländerproblem« zum beherrschenden Thema werden wird. In dessen Schatten dürften andere wichtige Weichenstellungen gegen die Interessen der Mehrheit vorangetrieben werden – etwa der

Ausbau des Überwachungsstaats, Transatlantische Handelsabkommen und das eskalierende soziale Ungleichgewicht im Land.

Wir wissen jetzt, dass Rassismus und Fremdenfeindlichkeit, rabiate Gewalttätigkeit und die Verachtung der Demokratie in unserem lange verdächtig ruhigen Land nie ausgeschaltet waren – sie waren nur auf Standby. Die erste relativ schwerwiegende Gewalttat von Migranten in der Silvesternacht 2015/2016 genügte, um weitere Dämme brechen zu lassen, als hätte man auf einen derartigen Hass-Anlass nur gewartet. Wenn die Zahl rechtsextremer Gewalttaten – allein von Januar bis Oktober 2015 zählte die Polizei 11.312 Fälle – künftig etwas zurückgehen sollte, dann nur weil die Politik im Begriff ist, die Forderung der Rechten getreulich zu erfüllen. Der Frieden im Land, der dann entstünde, wäre eine Kirchhofruhe, in einem verhärteten, eingemauerten Land, dessen rigider Kleingeist jedem freiheitsliebenden Menschen die Kehle zuschnürte.

Der von Roman Herzog kapitalismus-fromm geforderte »Ruck« ist knapp 20 Jahre später zum Rechtsruck geworden. Das ist kein Zufall, denn rechte Rezepte sind katastrophal falsche Antworten auf teilweise richtige Fragen, die das neoliberale Verelendungsprogramm aufwirft. Deutsche Systemopfer »wehren sich« – statt gegen die Täter – nun mit einer für dieses Land ganz untypischen revolutionären Verve gegen ihre nicht-deutschen Leidensgenossen. »Wenn es den Demokraten nicht gelingt, den Kapitalismus einzuhegen, dann werden andere Kräfte sich der Sache annehmen«, schrieb Jakob Augstein in einem brillanten Statement im *Spiegel*. Dies ist auch die eindringlichste Warnung, die wir Konstantin Weckers mit viel Herzblut geschriebenem Buch entnehmen können: Wer die Entwicklung verschläft, während die humanen den inhumanen Kräften noch teilweise die Waage halten, könnte in einem Land aufwachen, das er nie gewollt und nach 1945 nicht mehr für möglich gehalten hat.

# Literatur

*Boff, Leonardo:* Der Heilige Geist. Feuer Gottes – Lebensquell – Vater der Armen. Freiburg: Herder 2014

*Fromm, Erich:* Die Seele des Menschen. Ihre Fähigkeit zum Guten und zum Bösen. München: dtv 2016

*Gruen, Arno:* Der Fremde in uns. München: dtv 2002

*Derselbe:* Wider den Terrorismus. Stuttgart: Klett-Cotta 2015

*Käßmann, Margot; Wecker, Konstantin (Hg.):* Entrüstet euch! Warum Pazifismus für uns das Gebot der Stunde bleibt. Gütersloh: Gütersloher Verlagshaus 2015

*Sölle, Dorothee:* Mystik und Widerstand. Freiburg: Kreuz Verlag 2014

*Suttner, Bertha von:* Die Waffen nieder! Eine Lebensgeschichte. Berlin: Edition Holzinger 2015

*Wecker, Konstantin:* Mönch und Krieger. Auf der Suche nach einer Welt, die es noch nicht gibt. Gütersloh: Gütersloher Verlagshaus 2014